Marie-Antoinette La dernière reine
この日，パリの民衆は歓呼の声でマリー・アントワネットを迎えた。
その場に居合わせたブリサック公爵は，
「ここには妃殿下に恋する20万人の人びとがおります」と彼女にささやいたという。
王妃
マリー・アントワネット
エヴリーヌ・ルヴェ著
塚本哲也監修
遠藤ゆかり訳
知の再発見双書100
絵で読む世界文化史

Marie-Antoinette
La dernière reine
by Evelyne Lever

日本語版監修者序文

塚本哲也

マリー・アントワネットについて多少とも知るようになったのは，1945年（昭和20年），日本が戦争に負けて間もない中学生時代だった。そのころは日本中に革命的気運がみなぎっていて，戦争中少なかったフランス革命やロシア革命の本も出まわり，ルイ16世や王妃マリー・アントワネットが断頭台の露と消えたのは当然のことのようにする雰囲気があった。多くの戦死者，犠牲者を出した太平洋戦争の指導者たちが戦犯として次々処刑された占領下の時代の中で，たまたま古本屋で見つけたツヴァイクのマリー・アントワネット伝を読んで，歴史は単純に革命を礼賛するにはあまりにも複雑であり，王妃もまた激動の歴史にまきこまれ，しかも子供たちを愛する心あたたかい1人の母親であったことを知って，大いに考えこまされた。それが歴史に関心を持つきっかけのひとつとなった。

マリー・アントワネットについては，高慢で贅沢，赤字夫人としてフランス革命の原因をつくった悪者とする批判派と，その反対に政略結婚で革命に翻弄された悲劇の王妃という同情派の2つがあるようだ。特に牢獄に入れられ，子供を奪われ泣き崩れる王妃の姿には，同情を寄せる人々も少なくないだろう。私は批判派でもあり同情派でもあるが，歴史的事件や人物の評価というものは時代によって異なる。ソ連はなやかなりしころは労働者の解放をもたらす社会主義革命の先駆けとして，フランス革命は仰ぎ見るような理想とされ，讃美されることが多かった。しかしフランス革命200年記念祭の1989年前後から，フランス革命期の民主主義は実は独裁以外の何ものでもなく，スターリン時代の先駆だったと評価は逆転するようになった。実際，当時のフランスの社会は大混乱し，その影響は深刻で経済も停滞したと，革命の残酷さを冷静に見つめる見方が強くなってきた。たしかに革命の栄光だけでなく，支払った代償も大きかったことは事実で，何もあれほど多くの人を処刑しなくてもよかったと思う。

この本は2000年11月，フランス革命専門の女性歴史家によって出版されたが，これまであまり見たこともない絵や資料が数多く掲載されていて，マリー・アントワネットの新しい像が浮かび上ってくる。例えば113ページの処刑場に向かうマリー・アントワネットは殉教者としてえがかれている。後に王政復古時代にルイ16世と彼女は神聖化され，崇拝の対象となったが，この絵はそのような時代の空気をよく示している。一方，国王処刑後，幽閉された塔にとり残された王妃一家に病人が出たりすると，革命派は主治医を派遣したりして手厚く扱っている絵（105ページ）も興味深い。

それにしても若い時のマリー・アントワネットが遊び好きで，贅沢，思慮浅く，軽はずみだったことはたしかである。しかし何といっても，何も知らずに異国に嫁にきたのが15歳にもなっていない，いまの中学２年生の年頃であることを考えると，あまり多くを望むのも無理ではという気にもなる。不幸なことに，ウィーンのハプスブルク家とフランスの宮廷での家風のちがいも，彼女の孤立化に一役買った。ウィーン宮廷はあたたかく家庭的で，家族全員でコーラスをしたり劇をしたりし，その一家団欒ぶりは各国大使が報告しているとおりである。神聖ローマ帝国皇帝だった父親のフランツ・シュテファンは，家ではスリッパをはいており，マリー・アントワネットの姉が描いた17ページの家族の絵は一般の市民の家庭のようである。彼女はヴェルサイユ宮で守るべき面倒なしきたりを何度も思い切って廃止し，非難され孤立していったが，資料篇の「２」（120ページ）を読めば廃止する方が合理的であることは誰の目にも明らかだろう。寒い冬の日の着付けがつまらぬしきたりで異常に長くかかったり，毎夕国王一家の食卓の風景を民衆に公開するなど，信じられないような非合理的な宮廷儀礼がまかり通っていたのがヴェルサイユ宮でもあった。王妃が国王に次第に影響力を持っていく過程を示す記録も残っているが，私の見るところ，母親のマリア・テレジア，兄のヨーゼフ２世の方が，乱脈な女性関係で財政に穴を開けたルイ15世，温厚で人柄はいいが政治的には無能だったルイ16世よりもリーダーとしての力量は上であり，その優越感が彼女の潜在意識の中にあったのであろう。それがフランス人の強いプライドを傷つけたことは十分推測できる。

子供に対するマリー・アントワネットの愛情の深さは，残された手紙からもよく読みとれるが，病気の長男に対する宮廷のことなかれ主義（129〜131ページ）にはあらためて驚く。これでは病気は悪くなるばかりである。また，革命が起こってから政治家ミラボーが「国王のそばには男が１人しかいない。それは彼の妻だ」と言ったように，王政を支え，自分と家族を守るため不屈の精神で立ち向かうその姿は，「肝っ玉おっかあ」だった母親のマリア・テレジアの血をひく娘であるとの思いを深くする。特に孤立無援の中で革命裁判所の裁判長の質問に対する彼女の答弁（141〜145ページ）は，マリー・アントワネットが意地の悪い質問をたくみにかわし，裁判長に尻尾をつかませない頭の回転のはやい有能な女性であったことを知る記録として，興味深い。

この本の，特に資料篇は彼女に対する賛否両論の生々しい多くの貴重な証言から，彼女の人物像がこれまで以上に身近に迫ってくる。美点もあれば欠点もあった女性だが，資料篇「１」（118ページ）のツヴァイクの文章がやはり本質を突いていると思う。捕われの身になってから，「不幸のうちにはじめて人は，自分が何者であるかを本当に知るものです」と言った彼女の，ドラマティックな38年の運命に翻弄された短い生涯は，やはり多くの人びとの関心を集めてやまないことを本書はよく物語っている。

オーストリア皇女時代のマリー・アントワネット
（背景は，12歳のころに書いた歴史の宿題）

comme une quine seule
fois je ne suis confesse
avant ...... Mr: L'robee
Modo........ comme selon
le jour .... cru pa....
pour .... n'ai point
comma........ et cros
d'avoir b........ distraction
ce jour .... our la
general .... le quatriem
mois q........ e vient p....
sans b........ onne rai....
nio........ e Choisy
à .... n jour
mo........
u........
la

フランスへ嫁いだころのマリー・アントワネット
（背景は，14歳のときに書いた母マリア・テレジアへの手紙）

le porteur de tous ces papiers
ne sait pas, par qui ils ne sont
venu, et il ne faut pas lui
en parler

mal fa e est bien
yeux ue les
sureté r notre
ut
encore surtout
leurs i par
notre con vous
expliquera to a, ainsi que
les raisons pourquoi souvent je
ne peu pas vous avertire d'avance
de ce qu'on va faire. mon
homme n'est pas encore revenu
je voudrois pourtant bien avoir
des nouvelles d'ou vous etez.
~~[illegible]~~ que veut dire cette declarat.

フランス王妃時代のマリー・アントワネット
（背景は，36歳のときに書いたフェルセンへの手紙）

d'exiger des princes, et des françois en
général, de ce tenir en arrière dans tout
ce qui pourra arriver soit en negociation
soit que vous et... ances, faire
avancer des t... devien
d'autant p... allant
accepter le... aire
autrement,... ontra
contre son... mé
coupable p...
ce royaume, e... ondent
d'accord avec eu... commerce
grand int... notre plus
d'ins... accepter
le se... c'est
de so... even
e pi...
ge...
q...

晩年のマリー・アントワネット
（背景は，タンプル塔で書かれた兄レオポルト２世への手紙）

CONTENTS

第1章 ハプスブルクからブルボンへ……15

第2章 幼すぎる王妃……29

第3章 マリー・アントワネット様式……45

第4章 広まるスキャンダル……61

第5章 フランス革命の嵐……75

第6章 悲劇の王妃……89

資料篇
——悲劇への道——

1 マリー・アントワネットの「悲劇」……118

2 マリー・アントワネットの宮廷生活……120

3 母としてのマリー・アントワネット……127

4 マリー・アントワネットとフランス革命……133

5 マリー・アントワネットの裁判と処刑……141

6 フェルセン伯爵との恋……148

年表……150

INDEX……152

出典（図版）……154

参考文献……158

王妃マリー・アントワネット

エヴリーヌ・ルヴェ❖著
塚本哲也❖監修

「知の再発見」双書100
創元社

ERZ.HERZOGIN.ANTONIA..

❖1770年５月16日，ヴェルサイユ宮殿の王室礼拝堂で，のちにフランス国王ルイ16世となる王太子ルイ・オーギュストと，オーストリア皇女マリー・アントワネットの結婚式がとり行なわれた。このとき新郎新婦の年齢は，２人あわせても30歳に満たなかった。そのうえこの若いカップルには，どう見ても性格上の共通点があるようには思われなかった。しかし，そのようなことはもちろん問題ではない。なぜならこの結婚は，フランス（ブルボン家）とオーストリア（ハプスブルク家）の同盟を強化するための政略結婚だったからである。こうして14歳の少女マリー・アントワネットの，波瀾に満ちたフランスでの生活がスタートした……………………………………………………………………

第１章

ハプスブルクからブルボンへ

〔左頁〕スピネット（小型ピアノの一種）を弾くマリー・アントワネット──マリー・アントワネットは母である女帝マリア・テレジア（⇨右図）を，心の底から慕っていた。もちろんマリア・テレジアもマリー・アントワネットに深い愛情を注いでいたが，結局はオーストリアの国益のために，娘を悲劇へ向かうレールの上に乗せることになった。

偉大なる母,「女帝」マリア・テレジア

1755年11月２日の夜，オーストリア大公妃マリア・テレジアは，15人目の子どもを出産した。生まれた女の子には，マリア・アントニア・ヨゼファ・ヨハナという洗礼名がつけられ,すぐにウィーンのホーフブルク宮殿に移された。この女の子こそ，のちのフランス王妃マリー・アントワネットである。

⇩皇帝夫妻と子どもたち――オーストリアの宮廷画家だったメイテンスが描いた，盛装した大勢の子どもたちに囲まれたマリア・テレジアと，その夫である神聖ローマ帝国皇帝フランツ１世。この絵のなかで，アントニア（アントワネット）は中央の小さなひじかけ椅子に座っている。

右頁上は，皇帝夫妻の次女マリア・クリスティーネによる作品で，クリスマスの日の皇帝一家を描いたもの。こぢんまりとした居間で，青いウールの簡素な服を着たマリア・テレジアが，夫である皇帝のうしろに立ってココアの給仕にあたっている。

マリア・テレジアは，オーストリア大公であり，神聖ローマ帝国皇帝でもあったカール６世の長女として生まれた。父の死により，若くして名門ハプスブルク家の当主となったマリア・テレジアは，周辺諸国との戦争を指揮し，さまざまな改革によってオーストリアを近代国家へと変貌させた文字どおりの「女帝」である。しかしその一方で，彼女は質素で暖かな家庭生活を大切にした女性でもあった。公的には厳格な専制君主だったマリア・テレジアも，私生活では従順な妻であり，初恋の人である夫のロートリンゲン公フランツ（1745年より神聖ローマ帝国皇帝フランツ１世となった）と愛のある生活を送っていた。もちろん家系を絶やさぬようにとの意

図もあってのことだが，彼女は20年近くにわたり，16人もの子どもを身ごもっては出産している。

マリア・テレジアは自分が産んだこの子どもたちをかわいがっていたが，女帝としての重責を担う彼女には，自分の手で子どもたちの世話をすることはできず，子どもたちの教育はすべて養育係にゆだねられていた。

そのような環境のなか，マリア・アントニア，つまりのち

⇩皇帝夫妻の子どもたち――母マリア・テレジアのうしろにいる人形を手にした少女が，7歳のアントニアである。下の肖像画も，同じ年にアントニアを描いたもの。

のマリー・アントワネットは，兄や姉たちとともに明るくのびのびと育っていった。催し物が好きだった母のマリア・テレジアが，子どもたちを幼いうちから宮廷の行事に参加させたため，マリア・アントニアもすでに４歳のときに社交界にデビューしている。父の誕生日を祝うため，盛装用のドレスを身にまとい，兄や姉たちが奏でるチェロとピアノにあわせて，フランス語の歌を披露したのである。

そうした皇女としてのふるまいはすぐ身につけたマリア・アントニアだったが，勉強は大嫌いだったようだ。教育をまかされていた養育係（扶育官）も，明るく愛嬌たっぷりの

マリア・アントニアについつい甘くなり，あまり厳しく勉強を教えようとはしなかったという。

　マリア・アントニアが10歳になる1765年，父である神聖ローマ帝国皇帝フランツ１世が急死する。この出来事がマリア・アントニアの日常生活を大きく変化させることはなかったが，より重責を担うことになった母マリア・テレジアとの関係は，いっそう疎遠になっていった。マリア・テレジアは夫の死を深く悲しむ一方で，女帝としての権力はけっして放棄せず，長男を神聖ローマ帝国皇帝（ヨーゼフ２世）の座につけ，以後共同で帝国の統治に全力をつくすことになる。

⇧『愛の勝利』のバレエ・パントマイム――1760年に，兄ヨーゼフとパルマ公女イザベラが結婚したとき，アントニアは見事な踊りを披露した（右端)。彼女は宮廷で催されるほとんどすべての儀式に出席していた。

　皇帝夫妻は音楽を愛し（マリア・テレジア自身もよく歌をうたっていた)，ハイドンやグルックといった作曲家の活動を援助した。1762年に，当時７歳だった天才作曲家モーツァルトも，マリア・テレジアによってホーフブルク宮殿に迎えられている。

華やかな政略結婚

　マリア・テレジアは，国家のためなら子どもたちを利用することもいとわなかった。もともとハプスブルク家は，婚姻による同盟を重要な外交手段としていた。「他のものをして戦争をさせよ。だが幸福なるオーストリア，なんじは婚姻（同盟）をせよ」というのが，その古くからの家訓だったのである。マリア・テレジアも，まず長男のヨーゼフ２世を夫のあとの神聖ローマ帝国皇帝の座につけ，次男レオポルトにはイタリアのトスカナ大公国をあたえた。ほかの幼い息子たちにもしかるべき地位を用意し，その一方で，娘たちは諸外国と同盟を結んだり，友好関係を強化するための政略結婚に利用

した。マリア・テレジアにとって，娘たちの結婚相手の人柄など，たいした問題ではなかったのである。

　マリア・アントニアが9歳のころ，マリア・テレジアは政略結婚の総仕上げとして，ひとつの大きな計画を立てる。マリア・アントニアを未来のフランス王妃にしようと考えたのである。長らくオーストリアと敵対関係にあったプロイセンとイギリスに対抗するために，マリア・テレジアは1756年にフランス国王ルイ15世と同盟を結ぶという大事業をなしとげていた。この出来事は，ヨーロッパの勢力関係を一変させた。なぜなら，それまでオーストリア・ハプスブルク家とフランス・ブルボン家は，長年にわたりヨーロッパの覇権をめぐって，激しく対立してきたからである。フランスよりもむしろオーストリアに有利だったこの同盟をできるかぎり強固なものにしたいと考えたマリア・テレジアは，娘をフランスの王位継承者と結婚させることこそ最善の道だと考えた。そしてその重大な責務を，末娘のマリア・アントニアに託したのである。

　とはいっても，マリア・アントニアが選ばれたのは，その資質を見こまれてのことではなく，たんにフランス国王ルイ15世の孫で王太子のルイ・オーギュストと年齢的につりあっていたからにすぎなかった。

⇩フランス国王ルイ15世──1768年に，フランス国王ルイ15世は王妃を亡くした。そこでマリア・テレジアは，娘のエリザベートをルイ15世と結婚させ，それと同時にアントニアを王太子（のちのルイ16世）に嫁がせるというとてつもない計略を思いついた。60歳近い年老いたルイ15世が，堕落した生活を送っていることを知っていたにもかかわらず，彼女はこのような計画を平然と立てたのである。

　しかしヴェルサイユ宮殿には，デュ・バリー伯爵夫人というルイ15世の若い愛妾がいた。30歳も年下の愛妾に溺れていたルイ15世にとって，再婚などまったく興味のない話だった。

結婚の話がでたのは1764年のことだったが，ルイ15世はなかなか返事をしなかった。その前年の1763年にフランス側に不利な条約が結ばれたこともあって，フランス国内ではオーストリアとの同盟が不評だったからである。王家の人間もまた，ハプスブルク家から未来のフランス王妃をむかえることに乗り気ではなかった。事態を憂慮したマリア・テレジアは，フランス大使にマリア・アントニアの長所をさかんに吹聴した。しかしルイ15世は，６年ものあいだ正式な返事をせず，女帝をいらだたせるだけだった。

婚約の成立

結婚の申しこみをマリア・テレジアがいらいらしながら待っているあいだも，マリア・アントニアはすこやかに成長していった。彼女は宮廷で催されるほとんどすべての行事に参加し，その卵形の顔とまばゆいばかりの肌の色，大きく青い瞳で出席者を魅了した。

そしてついにルイ15世は，未来の王太子妃の教育係としてヴェルモン神父をオーストリアに派遣し，1769年６月13日には正式な婚礼の申しこみを行なった。結婚式は翌1770年の５月16日と定められた。つまりマリア・アントニアは14歳と６カ月，ルイ・オーギュストは15歳と９カ月という若さで結婚することになったのである。ヴェルサイユに派遣されていたオーストリア大使からは王太子ルイ・オーギュストについて，「頭もわるく，見た目も不恰好」という報告が届けられていたが，おそらくマリア・アントニアには，そのような話はいっさい伝えられていなかったものと思われる。

生まれつき好奇心の旺盛なマリア・アントニアは，未来の夫について，さまざまな質問をしたにちがいない。そしてまわりの人びとは，王太子は立派な人

⇩マリー・アントワネットの肖像――気どってポーズをとってはいるが，この絵からは彼女本来の子どもっぽさや，やさしさが感じられる。だが彼女たちにとってこうしたポーズをとることは，「求められている自分」を見せることにほかならなかった。

物で，信仰にあつく，まじめなうえに心やさしい人柄だと説明したことだろう。たしかにルイ・オーギュストはそのような人物だったが，彼が夢見る年ごろの少女にとって，未来の夫としてまったくふさわしくない人物であることもたしかだった。たとえば，マリア・アントニアが未来の夫をイメージできるようにと，王太子を描いた版画がフランスから贈られたことがあった。ところがそれは，養育係の指導のもとで土地を耕す王太子という，なんとも夢のない「勤勉でまじめ」なだけの版画だったのである。

　いよいよあと数日でマリア・アントニアがフランスへ向けて出発するという日に，マリア・テレジアは突然不安に襲われたようだ。まだいたいけな子どもにすぎない娘に，このような重責を負わせてもよいのかという迷いが生じたのだろう。マリア・アントニアがウィーンを出発する直前，マリア・テレジアは娘を毎晩，自分の寝室に呼びよせている。それまで娘のために割くことができなかった時間をとりもどすかのように，出発までの多くの時間を，彼女はマリア・アントニアと話をし，その寝顔を見てすごしたのである。

⇧フランス王太子ルイ・オーギュスト――この王太子には女性経験がなかった。さらに不幸なことに，彼の養育係はオーストリアと女性一般に対して，嫌悪感を抱いていた。上図は，結婚前にアントニアへ贈られた「土地を耕す王太子」の版画。

「なにもなし(リヤン)」

ウィーンで代理結婚式が行なわれたあと，マリア・アントニアはフランス王太子妃マリー・アントワネットとして，ヴェルサイユに向けて出発した。そして1770年５月14日にパリ郊外のコンピエーニュで，はじめて王太子ルイ・オーギュストと対面し，その翌々日，ヴェルサイユ宮殿で２人の結婚式が盛大にとり行なわれた。マリー・アントワネットはヴェルサイユ宮殿の豪華さに目を見はり，自分が主役である壮麗な儀式にすっかり心を奪われたようだ。結婚式のあいだずっと，彼女は晴れやかな表情を見せていた。そして，公《おおやけ》の儀式が終わり，その日の締めくくりとなる床入りの儀式のときも，無邪気に微笑んでいたという。この儀式は，ランスの大司教が

⇩ルイ・オーギュストとマリー・アントワネットの結婚式――ヴェルサイユ宮殿内にある礼拝堂で王太子夫妻の結婚式が行なわれたとき，新郎新婦はまず，祭壇のまえに置かれたビロードのクッションに座り，そのあと式典をつかさどるランスの大司教の前で手をとりあった(中央)。結婚式に参列したクロイ公爵は，「妃殿下はなかなかかわいらしく，繊細なご様子である」と書き残している。

夫婦の寝室にまで入り，初夜のベッドに聖油をまいて祝福するというもので，フランスの王位継承者が神聖ローマ帝国皇帝の娘とたしかにベッドをともにするということを，世界じゅうに知らしめる役割をもっていた。

ところが結婚式の翌朝，王太子は自分の日記に「なにもなし（リヤン）」と書いている。マリー・アントワネットはヴェルサイユに同行したヴェルモン神父に，夫から一度もキスされず，手も握ってもらえなかったことを打ち明けた。その翌日も，さらに次の日も，状況はほとんど変わらなかった。ルイ・オーギュストは新妻に指ひとつふれなかったのである。オーストリア大使のシュターレンベルク公爵は，「最初の夜も，その後も，興味深い出来事は起こりませんでした。王太子殿下の日頃のふるまいから推察しますに，困惑と内気，そしてある種の愚かさが，殿下の『異常な無気力』の原因だと思われます」と，マリア・テレジアにあてた手紙のなかで書いている。王位継承者の妃にとって，子どもを生む可能性がないということは，きわめて重要な問題である。この後，7年間にもわたってつづくこうした「不完全な結婚」のなかで，マリー・アントワネットは多くの屈辱を味わうことになる。

ところで，実際の王太子は，マリア・テレジアの部下であるオーストリアの外交官たちが好き勝手に解釈したような「でくのぼう」ではなかった。たしかに王太子は，宮廷では影が薄かった。教養はあったが，あまりにも早熟で内向的な彼は，外見にもまったく魅力がなかった。彼自身，そうした欠点を自覚していたため，他人を愛そうともせず，自分自身の殻に

⇧王太子夫妻の結婚祝賀会に出席した王族の一覧表――王太子夫妻の結婚祝賀会は，建築家ガブリエルが完成させたばかりのオペラ劇場で催された。そのとき新郎新婦の席は，国王の両隣にあった。

マリー・アントワネットは，出された料理にほとんど手をつけなかった。しかし王太子のほうは，まるで妻に関心がないかのように，食事に専念した。あまり食べすぎないようにと国王が注意したとき，王太子は「たくさん食べたほうが，よく眠れるのです」と答えたという。

閉じこもっていたのである。彼は自分が国王の器ではないことにも，強い確信をもっていた。さらに両親を早く亡くした彼が，視野の狭い養育係の手で育てられたことも問題を深刻化させていた。その養育係は王太子に，女性こそが公私ともにあらゆる不幸の原因だと教えこんでいたのである。加えて祖父であるルイ15世の堕落した生活もあって，彼は女性に対する恐怖心を抱くようになっていた。

一方，マリー・アントワネットも，立派な君主だと思っていた義父のルイ15世が，母マリア・テレジアの言うような立派な人物ではないことにいち早く気づいた。ルイ15世は子どもや孫たちを愛していないわけではなかったが，その愛情のほとんどはデュ・バリー夫人という若い愛妾に注がれていた。国王が30歳も年下の卑しい身分出身の女性を公然と愛しているという事実は，マリー・アントワネットに激しい衝撃をあたえた。そして最初に彼女が国王に対して抱いていた好感は，ほどなく嫌悪感に代わり，彼女はしだいに国王の娘である3人の内親王たちに近づいていった。それは母マリア・テレジアが，彼女たちを高く評価していたからだったが，この内親王たちも，陰ではマリー・アントワネットを「オーストリア女」と呼んで軽蔑していたのである。

マリー・アントワネットは叔母たちのもとで，ひとまず安らぎを得たようである。だが結婚もしておらず，ひまをもてあましていた内親王たちは，王太子夫妻の秘密を知りたくてうずうずしており，さらに甥である王太子に対して強い影響力を保ちつづけたいと考えていた。しかし，やがて王太子夫妻のあいだの緊張関係はほぐれはじめる。「私たちは親しく好意的に生きていかなければならないのですから，おたがいに信頼しあって，すべてのことについて話し合わなければなりません」とマリー・アントワネットは夫に告げたという。それに対して王太子も，これからは彼女とともに夫婦らしく生活することを約束した。

ヴェルサイユ宮殿での生活

しだいにマリー・アントワネットは，宮廷に集まる人びとが「この国」と呼んで親しむヴェルサイユ宮殿を，不思議で魅惑的な世界だと感じはじめるようになった。だが，太陽王ルイ14世がつくらせたこの壮麗な宮殿のなかで，国王一家は，朝起きてから夜寝るまで，非常に厳格な礼儀作法にしたがって1日をすごさなければならなかった（⇨p.120）。宮廷の礼儀作法についてうるさく説明するノワイユ伯爵夫人を，マリー・アントワネットは「マダム・エチケット」と名づけて敬遠した。彼女は宮廷の礼儀作法にはほとんど意味がないと考え，また国王一家の暮らしに関するあらゆるこ

〔左頁〕ルイ15世の娘たち――母マリア・テレジアの助言にしたがって，マリー・アントワネットは叔母にあたるルイ15世の娘たちに近づいた。

内親王たちは，王太子に対する影響力を保ちつづけるために，マリー・アントワネットにやさしく接するふりをした。マリー・アントワネットはそうした策略に気づかず，彼女たちの言うなりになり，ついに国王の愛妾デュ・バリー夫人と争うことになってしまう。

ルイ15世の乱れた生活を王太子に暴露したのも，この内親王たちだった。だが，ともに国王の私生活を非難するようになったことをきっかけとして，王太子夫妻はしだいに心を通わせるようになり，マリー・アントワネットは，夫を内親王たちから遠ざけることにも成功した。

彼女は2人の義弟のうち，学者ぶったプロヴァンス伯爵（左頁下図）よりも，享楽的なアルトア伯爵（左図）のほうが好みだった。

とが，宮廷で重要な話題になってしまうという現実をうけ入れることができなかった。

宮廷に集まる3000人から4000人もの時間をもてあました人びとは，悪口やスキャンダルに飢えていた。彼らのおしゃべりのほとんどは，王太子夫妻の日常生活に関することになった。宮廷には秘密など存在せず，だれもが王太子夫妻の結婚が完全には成就していないことを知っていた。うわさはうわさを呼び，人びとは王太子妃に批判的な目を向けはじめた。思慮の浅いマリー・アントワネットは，すでにこのころから多くの人びとの反感を買っていた。少女気分が抜けない王太子妃は，年配の公爵夫人たちに敬意を払わず，軽薄な若者たちだけをまわりに集めて楽しんでいた。そのため，身分の高い女性たちの反感を買ってしまったのである。形式を重視するフランス宮廷において，このような行動が良い結果を生まないことは火を見るより明らかだった。

さらに人びとは，マリー・アントワネットに対して，別の不満ももっていた。それは，彼女が気もちのうえで，いまだに祖国オーストリアと縁を切っていないのではないかということだった。同じころ，ルイ15世の愛妾であるデュ・バリー夫人とマリー・アントワネットのあいだでちょっとした争いが起こり，宮廷の人びともふたつの派にわかれて対立したが，デュ・バリー夫人に味方したのは，「反オーストリア派」を標榜する人びとだったのである。

〔右上〕デュ・バリー夫人の肖像画――朝早く部屋着のままで，寝乱れた姿を見せている。黒人の少年奴隷が女主人にコーヒを運んでおり，おそらく愛人である国王は，まだこの部屋からそう遠く離れてはいない。エロティックな快楽の香りが漂ってくるような作品である。

「妃殿下に恋する20万人の人びとがおります」

しかし，1773年6月8日に盛大な行列とともにはじめてパ

リを公式訪問して以来，マリー・アントワネットはすっかり新しい生活を楽しみはじめる。この日，民衆に歓呼の声で迎えられた彼女は，パリが一目で気に入った。パリの群集もまた，ずっと前から待ちかねていたかのように，マリー・アントワネットを熱狂的に歓迎した。その場に居合わせたブリサック公爵は，「ここには妃殿下に恋する20万人の人びとがおります」と彼女にささやいたという。

このの ちも彼女は，パリへ自由に行く許可

をルイ15世からもらってしばしば首都を訪れた。当時のパリの人びとはマリー・アントワネットの訪問を待ち望み，まだ彼女を「オーストリア女」などと呼ぶものはいなかった。平和が訪れて10年がたち，戦争が起こる気配もなかったため，民衆にとって彼女はフランスとオーストリアの和平の象徴とみなされていた。ようするに，人びとは彼女を愛していたのだった。彼女が備えている優雅さを，持って生まれた気高さを，一言で言えば彼女そのものを，このときフランスの民衆はまだ，愛していたのである。

⇦私室でハープを奏でるマリー・アントワネット——この絵はルイ16世が即位したすぐあとに，マリー・アントワネットが画家のゴーティエ・ダゴーティに描かせたものである（彼は私生活を題材とした絵画が得意だった。右のデュ・バリー夫人の肖像画も，彼の作品である）。

王妃は豪華な部屋の中央で，ハープを奏でながらポーズをとっている。優美な朝のドレスを身にまとったマリー・アントワネットは，王妃というよりもむしろ魅力的な女性としてのイメージを前面に出すことを望んでいるように見える。彼女の身分を思わせるのは，室内の装飾だけである。

左側で帽子屋が羽飾りや装飾品をとりだす様子は，マリー・アントワネットが当時のファッション・リーダーであったことをあらわしている。しかしその一方で，楽譜をさしだしている女性がいることから，彼女が芸術の保護者を自任していた様子もうかがえる。事実マリー・アントワネットはルイ15世が亡くなる直前に，ドイツの作曲家グルックとイタリアの作曲家ピッチーニの愛好家たちが対立した争いに深くかかわった。そのとき彼女がグルックを熱心に支持したため，グルックの愛好家たちが勝利をおさめたのである。

❖わずか18歳で王妃となったマリー・アントワネットは，自分のわがままがすべて通ることを知り，ますます身勝手な行動をとるようになっていった。まるで甘やかされた子どものようにふるまう王妃に対して，人びとは困惑し，敵意を抱く人間の数はしだいに増えていった。だがマリー・アントワネットだけは，彼女が没落する日を待ち望んでいる数多くの敵の存在に，気がつかなかったのである……………………………………………………

第2章

幼すぎる王妃

（左頁）宮廷用に盛装したマリー・アントワネット

⇨国王ルイ16世――ルイ16世自身の言葉によると，彼はフランスで「もっとも途方に暮れた男」となった。彼は自分が統治しなければならないフランスの現実を，即位するまでなにも知らなかったのである。祖父のルイ15世は，政治について彼になにも話さなかったし，彼を閣議に出席させたこともなかった。マリー・アントワネットにも，政治に関する知識はまったくなく，夫を補佐することができなかった。

若く美しい王妃

⇧ルイ16世の戴冠式——1775年6月11日，ルイ16世はフランス北東部のランスにある大聖堂で戴冠式を行なった。敬虔なルイ16世は，大司教によって王冠を授けられたとき，自分が神の「地上における代理人」となったことを確信し，神の加護によってその義務をなしとげることができるだろうと考えた。一方，王妃のほうは大司教からの祝福もうけず，王冠を授けられることもなかった。

1774年4月27日，フランス国王ルイ15世は突然天然痘にかかり，2週間後の5月10日にこの世を去った。その結果，王太子ルイ・オーギュストがフランス国王ルイ16世となり，マリー・アントワネットもわずか18歳で王妃の座につくことになった。

60年におよぶ前国王の長い治世は，民衆にとって失望の連続だった。しかし新しい国王は若く，王妃もその地位にふさわしい美しい女性だったため，人びとは素直に喜びを表現した。ルイ14世の妃もルイ15世の妃も，ともに敬虔な女性ではあったが，つつましく，王妃としての魅力には欠けていた。彼女たちは宮殿の奥深くに引きこもって暮らしており，代わりに国王の愛妾たちが事実上の王妃のようにふるまっていた。愛妾たちは教会から激しい非難をうけ，国庫の金を浪費しているとして民衆の憎しみも集めていた。そうしたなか登場した若くて美しい王妃は，人びとに希望を抱かせたのである。

民衆は，新しい国王が自分たちに幸せな生活を保証してくれることを無邪気に待ち望んでいた。平和，減税，公平な裁判，そして教養のある人びとにとっては政治への参加などが，国王へのおもな要望だった。一方，公的には何の権力ももたない王妃に人びとが求めたのは，美徳にあふれ，あらゆる女性らしさを備え，立派な息子を生むことだった。民衆は無意識のうちに，王妃は社会が繁栄しているときには幸福のシンボルとなり，国家が不幸に襲われたときには母のように慈愛に満ちた存在となってほしいと考えていた。しかし，このと

き彼らは，ほとんど不可能なことを望んでいたのだった。なぜならマリー・アントワネットは，歴代の王妃と同じようにふるまうことなど，少しも考えていなかったからである。王妃としての立場と責任を理解するには，マリー・アントワネットはあまりにも若すぎ，あまりにも無経験すぎたのである。

甘やかされた子ども

マリー・アントワネットは宮廷の古臭いしきたりを嫌い，自分流のやり方をどんどんとりいれていった。それまで王妃と食卓をともにすることが許されていたのは，国王一家の人びとだけだったが，マリー・アントワネットは国王とともにとる夕食にも，自分で選んだ客を招待した。またルイ16世か

王妃とは，国王の一番の臣下として，故郷を思う気もちや自分の意見を心のなかにしまい，つねに慎み深く行動しなければならない存在だった。しかしマリー・アントワネットのように若くて美しい女性が王妃となった場合，人びとは王妃に必要以上の役割を望む傾向があった。

マリー・アントワネットは，たしかにその初期，フランスの民衆から熱烈な歓迎をうけた。しかし，彼らの熱狂にすっかり陶酔した彼女は，本来，王妃には公的な権限があたえられていないことや，民衆の気もちがうつろいやすいものだということに気がつかなかった。彼女は自分が王妃となったことで，つねにまわりの人びとからちやほやされ，思いどおりの人生を送ることができるものと信じこんでいたのである。

「母上の末娘であるこの私を，ヨーロッパでもっとも美しい王国のために選ばれた神のおぼしめしに，私は驚嘆せずにはいられません」と，彼女は母マリア・テレジアに書き送っている。

そのようなマリー・アントワネットの言動を，マリア・テレジアは腹心の大使を使ってひそかに報告させ，定期的に娘に対して叱責の手紙を送りつづけた。

ら，宮廷の娯楽に関するいっさいの権限をあたえられた彼女は，娯楽係に命じて，毎週芝居を3回，舞踏会を2回開かせることにした（そのうち，たとえば月曜日に行なわれる舞踏会では，出席者はみな仮装して参加するきまりになっていた)。

マリー・アントワネットは年老いた人びとや退屈な人びとを，宮廷から追放していった。叔母である3人の内親王たちも遠ざけ，2人の義妹にも冷淡な態度をとった。半分隠居のような生活を余儀なくされた内親王たちは，王妃の私生活をこと細かく，しかも誇張して人びとにふれまわった。「ひとりが話題を提供すると，別の内親王がそれを裏づける話を語り，もうひとりの内親王がさらに決定的なエピソードを披露する」というありさまだったのである。しかしマリー・アントワネットは，自分の評判をほとんど気にかけなかった。その一方，他人の悪評には非常に敏感であり，そのようなうわさを耳にすると，自分が主催する舞踏会からそうした人びとを平然としめだした。

彼女の日常はといえば，まず遅い時間に目ざめ，ベッドでコーヒーかココアを飲み，パンを少しかじったあと起床する。化粧と着替えが終わると小部屋に引きこもり，「流行大臣」ともいうべき婦人服屋のベルタン嬢と新作のドレスについて打ち合わせをしたり，肖像画のためにポーズをとったりする。宝石商からよく考えもせず新しい装飾品を買ったり，親しい友人と会ったりもする。こうして午前中はあっという間にすぎていく。午後1時頃になると，寝室で待機している貴婦人たちとともに，マリー・アントワネットは自分の住居を出て，平和の間と鏡の間を通りぬける。このとき豪華な羽飾りをつけた頭をゆらしながら，居あわせた人びとにあいさつしたり，軽く微笑んだりする。そして宮殿内の礼拝堂へと向かう。ここで王妃はその日はじめて，夫で

⇩マリー・アントワネット愛用のトランプ──彼女のトランプは，下図のように遊び相手の名前を書きこむためのメモ用紙としても使われた。そのため，ひんぱんに新しいものととりかえられた。

ある国王に会うのである。

もっとも，国王がひそかに妻の部屋を訪れた場合は別だった。国王の住居と王妃の住居は，ルイ16世が即位したときから秘密の廊下で結ばれていたので，国王はだれにも知られずに妻のもとへ行けるようになっていた。しかし実際に国王が王妃の部屋を訪問することは，非常にまれだった。国王は朝早く起きて，仕事，読書，狩りの準備，あるいは彼の最大の趣味である錠前づくりに精を出すために，屋根裏部屋を改装した作業所にこもって午前中をすごした。

王妃はしばしばパリにも出かけた。オペラ座や劇場で，彼女はあいかわらず人びとから拍手で迎えられた。あちらこちらから「王妃ばんざい」の声があがると，マリー・アントワネットはまるで女優のような優雅なしぐさで観客にあいさつをした。ベルタン嬢をお抱えの婦人服屋としてからは，王妃にふさわしからぬ奇抜なドレスを次々と身にまとうようにもなった。もし彼女が，生涯失うことのなかった「冷ややかな気品」をもちあわせていなかったら，その姿は「喜劇の女王」と呼ぶにふさわしかったかもしれない。しかし，そのとき彼女がなによりも望んでいたことは，優れた王妃となることではなく，「フランスで一番美しい女性」として人びとから認められることだったのである。

⇧ドレスの生地見本――マリー・アントワネットは毎年170着のドレスを新調した。毎朝，侍女頭があらゆる衣装の生地見本を貼った「カタログ」をもってくると，マリー・アントワネットはその日に着る予定の3～4着のドレスを選んでピンをさした。

また彼女は，「プーフ」と呼ばれる髪型を好んだ。これはひたいのうえに高く結いあげられた髪のうえに，さらにクッションをのせてボリュームを出したものである。「種痘のプーフ」などという寓意的なモチーフを表現するために，髪飾りもきわめて風変わりなものが多かった。

⇦宮廷服に「プーフ」の髪形をしたマリー・アントワネット

プチ・トリアノンで催された祝宴

マリー・アントワネットは，官能的な色彩で知られるフランスの画家フラゴナールの絵のような祝宴を催したいと，つねづね思っていたという。左は，1781年8月にフランスを訪れた兄の神聖ローマ帝国皇帝ヨーゼフ2世を歓迎するために，彼女がプチ・トリアノンで催した祝宴の様子を描いたもの。夜食をとり，オペラ座一座による演劇を鑑賞したあと，王妃は263人の招待客にイギリス庭園のイルミネーションを披露した。その様子をオーストリア大使メルシー・アルジャントーは，次のように記している。

「緑色に塗られた板で囲われた鉢が，木々や花の茂みを照らし，さまざまな色を浮き立たせていた。それはこのうえなく変化に富み，心地よいものだった。何百もの柴の束が，愛の神殿のうしろに設けられたくぼ地で燃えあがり，庭園のなかでもひときわ大きな輝きを放っていた」。

しかし，この祝宴に招待されなかった多くの有力な貴族たちから，マリー・アントワネットは激しい批判を浴びることになる。

王妃のとりまきたち

王妃になって１年もたたないうちに，マリー・アントワネットはお気に入りの人間だけを周囲に集めて楽しむようになった。そしてとりまき連中に囲まれて毎日をすごすうちに，彼女は少しずつ王妃としての義務を忘れていくようになる。ルイ15世の生存中は，王家と血縁関係のある若い未亡人ランバル公爵夫人だけが，マリー・アントワネットの話し相手だった。おとなしく感受性の豊かなランバル公爵夫人は，友人として申しぶんのない女性だった。しかし，彼女を平凡でおもしろみに欠けると感じた王妃は，やがて退屈するようになり，怪しげなサロンを主催するゲメネ公爵夫人などと親交を結ぶようになった。

このころはまだ，マリー・アントワネットはいかなる男性にも心を奪われていなかった。だが，男性としての魅力にあふれたローザン公爵をまえにして，彼女は必要以上の関心をもちはじめる。そこでローザン公爵を身近に置いておくために宮廷での重要な職務を彼にあたえようとしたが，このときは王妃の真意をはかりかねたローザン公爵のほうが，その申し出を丁重に断っている。

マリー・アントワネットは，夫に対する失望や，新しい家族となった王室の人びとへの不満を解消するために，自分が愛することのできる人間を必死に探そうとしていた。しかし王妃である彼女にとって，スキャンダルを引き起こすことは論外であり，同性の友人を見つけるしか方法はなかった。1775年の夏，マリー・アントワネットは，ジュール・ド・ポリニャック伯爵夫人という女性に強い関心をおぼえる。当時26歳だったポリニャック伯爵夫人は，すばらしい美貌と物憂げな気品で，王妃をすっかり魅了した。やがてマリー・アントワネットは，ポリニャック伯爵夫人と片時も離れてすごすこと

⇧ランバル公爵夫人

⇨ポリニャック夫人――マリー・アントワネットは正式に「王妃奉公人」の筆頭職に任命されたランバル公爵夫人よりも，ポリニャック夫人のほうを重視するようになった。

そのポリニャック夫人が，あるとき自分が経済的に恵まれていないことを理由に宮廷を去ろうとした。

「私たちはまだ，お別れしても不幸になるほど愛しあってはおりません。しかし，すでにそうなりつつあるように感じられます。しばらくすれば，もはや私は王妃さまのおそばを離れることができなくなるでしょう。そのような時が来るまえにお別れいたします」。(↗)

ができなくなったため，彼女をヴェルサイユ宮殿内の住居に住まわせるようになる。

このように特定の人物に行きすぎた友情を示す王妃の態度は，すぐに人びとの知るところとなり，非難の対象となった。「私のまわりでは,諷刺という伝染病が広まっています。(略)私もまた，そこから逃れることはできません」と，マリー・アントワネットは母マリア・テレジアに書き送っている。人びとは王妃に異性の愛人ばかりか同性の愛人もいると，おもしろおかしく言いたてた。さらに，こちらは正当な非難だっ

(↗)王妃は涙を流し，夫人を抱きしめ，彼女の手をとって，思いとどまるよう懇願したという。こうしたエピソードが，またマリー・アントワネットへの批判を生み，諷刺文書のなかには，彼女のことを同性愛者だと書いたものもあった。

⇧同性愛を描いた当時の版画

たが，王妃が友人たちに法外な特典や年金をあたえて莫大な国費を浪費しているとする声も高まっていた。

対照的な2人

即位直後は幸せな時期もあったが，国王夫妻の気もちは，日増しに離れていくばかりだった。顔をあわせる機会さえ，しだいに少なくなっていった。だが，思慮の浅いことばかりに熱中するマリー・アントワネットの姿が，逆に国王や大臣たちを安心させているという面もあった。なぜなら彼らがもっとも恐れていたのは，オーストリアの女帝マリア・テレジアが娘を通じてフランスの国政に関与してくることだったからである。事実，マリア・テレジアは，「王妃というものは，夫である国王の心にたえず独占的な影響力をおよぼし，そのような力を発揮できる機会を一瞬たりとも失ってはならないのです」とオーストリア大使メルシーに言いふくめている。彼女は娘が自分の教えを聞き，ルイ16世を思いのままに操れるようになることを望んでいた。ところがマリー・アントワネットは自分の楽しみばかりを追いもとめ，国王に対して影響力をもとうなどとは，考えもしなかったのである。

この若い国王夫妻には，共通点がひとつもなかった。というよりも，むしろ彼らはまったく対照的な人物だったと言えるだろう。背も高く，女性らしい豊かな胸をもったマリー・アントワネットは，その優雅な歩き方をだれからも賞讃された女性だった。一方ルイ16世は，妻に気に入られるためにレッスンをうけたにもかかわらず，身体をみっともなくゆすって歩く癖が直らず，風采もいっこうにあがらなかった。さらに趣味の錠前造りのため，その指はいつも黒く汚れており，はじめて会う人びとを必ずといっていいほど驚かせた。そのような国王を，王妃は容赦なく批判した。

⇧狩猟をするルイ16世と，見物する国王の一家──ルイ16世は王家の代表的な娯楽である狩猟に，強い情熱を抱いていた。彼はひとりで小部屋にこもり，みずから狩りの計画を立てた。狩猟場では，ねらった獲物をどこまでも追いかけ，しとめるまでまったく疲れを見せなかった。

マリー・アントワネットにとっても，狩猟はよい気晴らしだったようだ。だが彼女が本当に楽しめたのは，気心の知れた人たちとの散策や舞踏会や祝宴だけだった。

ときには「かわいそうな人」と呼び，国王として尊敬することはまったくなかった。

しかしマリー・アントワネットにとってみれば，そうするだけの理由があったのである。じつはルイ16世には肉体的な欠陥（包茎）があり，いつまでも妻と本当の夫婦になることができなかった。そのためマリー・アントワネットは国王の子どもを身ごもることができず，そのことに対して長いあいだ屈辱を感じていたのだった。夫婦のベッドは王妃にとって屈辱を耐え忍ぶ場所と化したため，彼女はできるだけ夫と寝ることを避けようとした。夜になって国王が眠ると，王妃は陽気なとりまき連中とともにパリへ出かけ，オペラ座の舞踏会などで楽しいひとときをすごしたあと，よう

⇦狩猟服を着たマリー・アントワネット

やく明け方になってから宮殿にもどるという生活をつづけた。

ついに母親となる

一方，マリア・テレジアは，娘の身を案じると同時に，オーストリアとフランスのあいだで結ばれた同盟のゆくえについて不安を感じていた。もしマリー・アントワネットが国王と本当の夫婦になることができなかったら，両国の未来はどうなってしまうのか。そこでマリア・テレジアは，息子の神聖ローマ帝国皇帝ヨーゼフ２世をフランスに派遣することにした。1777年５月，母の命をうけたヨーゼフ２世はヴェルサイユへ行き，マリー・アントワネットに王妃としての心構えと両国の同盟の重要性について，細かく教えさとした（⇨p.125）。

このときマリー・アントワネットは，母に隠していた事実をすべて兄に打ち明けたという。それを聞いたヨーゼフ２世は，妹が抱える心の傷は無視して，まずひたすら妻や王妃としての義務を説き，そのあと国王ルイ16世にも会って，王妃との夫婦関係について率直な話をした。普段はきわめて口のかたいルイ16世も，このときばかりは羞恥心をすてさり，夫婦の秘密を義兄に告白した。国王夫妻の寝室に秘められていた悲しい真実を，ヨーゼフ２世は弟のレオポルト公に暴露している。「彼（ルイ16世）が言うには，ベッドのなかで彼の例のものはきわめてよい状態に勃起する。それを挿入して，おそらく２分間はそのままにしておくのだが，それを動かすことはない。その間，勃起はつづいたままなのだがけっして発射することはできず，すごすごと引きさがることになる。そして，おやすみなさい，というわけだ。（略）妹もこの営みにあまり熱心ではなく，２人とも不器用そのものらしい」。

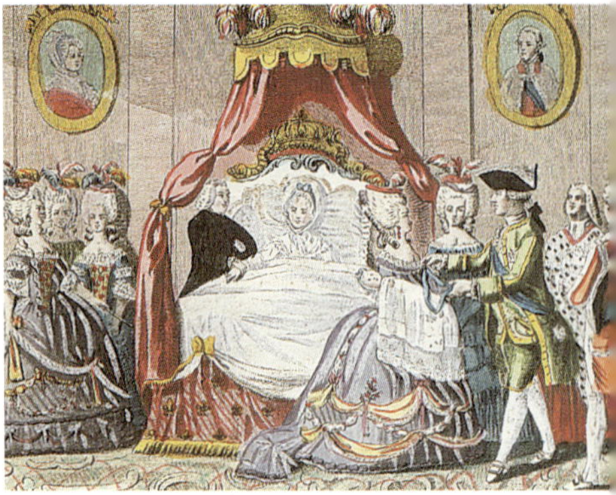

⇧王太子の誕生――フランス王室では，王妃は公開出産することが義務づけられていた。しかしマリー・アントワネットがはじめて王女を生んだとき，見物する人びとがあまりにも多かったので，ルイ16世はそのしきたりを変更した。そのため1781年に王太子を出産したとき，それを見守ったのは王家の一族と大臣たちなどだけだった。

ヨーゼフ２世は精神科医のようにルイ16世を励ました。その結果，ルイ16世はついに手術をうけ，義兄にこう告げることができるようになる。「必要なことはしました。甥か姪を授かるまえに今年が終わらなければよいのですが。このような幸せを私たちが感じることができるのも，あなたのおかげです」。

1777年８月18日，なんと結婚式から７年もたってから，国王夫妻は晴れて本当の夫婦となった。マリー・アントワネットは翌年の４月に身ごもり，1778年12月18日，王女マリー・テレーズを生む。その後，1781年10月22日には王子を出産するが，この子は1789年６月に幼くしてこの世を去ってしまった。さらに国王夫妻のあいだには，1785年３月27日に２人目の王子（のちのルイ17世）が，1786年７月８日に２人目の王女（数カ月後に死亡）が誕生した。

⇩王太子を囲む国王一家――王太子の誕生は，国王夫妻にこのうえない喜びをもたらした。王太子の誕生を祝うために，パリからさまざまな職業の代表者たちがヴェルサイユ宮殿を訪れ，宮殿内の中庭で，それぞれの職業と関係のある芸を披露した。

〔42・43頁〕子どもたちとの肖像――マリー・アントワネットは，子どもたちと一緒に絵に描かれることを好んだ。王妃に仕えていたカンパン夫人によると，この２枚がもっともマリー・アントワネットのおもかげをよくとどめているという。

❖マリー・アントワネットは，ヴェルサイユ宮殿に自分の趣味をもちこんだ唯一の王妃だった。彼女は宮殿のあちこちを改修し，思いきった近代化をはかろうとした。そのなかでも，とりわけ彼女が心を砕いたのは，宮殿内の自室と離宮のプチ・トリアノンを居心地のよい空間として整えることだった。こうしてマリー・アントワネットは，フランスに到着して以来はじめて，心からくつろぐことのできる場所を手に入れたのである ……………

第３章

マリー・アントワネット様式

〔左頁〕バラをもつマリー・アントワネット——女流画家ヴィジェ・ルブランが描いたこの肖像画は，マリー・アントワネットが25歳のときの作品である。自信に満ちあふれ，優雅で冷ややかな気品をたたえた姿は，王妃というより，どこかの上流夫人のように見える。

⇨マリー・アントワネットのためにつくられた乳房型のお椀——伝説によると，このお椀は彼女の乳房をかたどってつくられたものだという。

⇧「昼寝用の小部屋」――マリー・アントワネットが1781年に改装したこの部屋は，ヴェルサイユ宮殿のなかでも，当時の状態を比較的よく保っている部屋のひとつである。マリー・アントワネットは，はじめ青い絹織物の家具を選んだ。しかしすぐに，白いサテンの織物の家具に変更した。また彼女は，娘の部屋に通じる階段もつくらせた。理想どおりの完璧な装飾をめざしたマリー・アントワネットは，しょっちゅう以前とはちがった命令をくだしたり，以前の命令をとり消したりした。

かけがえのない自由

マリー・アントワネットは，ひとりの人間として自由にふるまうことのできない毎日を不満に思っていた。王妃である彼女の全生活は，フランスという国家に拘束されていたからである。しかし，自由なハプスブルクの宮廷で育ったマリー・アントワネットにとってみれば，王妃にもプライベートな生活を営む権利があるというのは当然のことだった。そこで彼女は，王権の象徴であるヴェルサイユ宮殿内に，自分だけの空間をつくろうと試みたのである。

その結果，マリー・アントワネットは，ほぼ思いどおりの空間をつくりあげることに成功する。まず公的な住居については，大幅に手を入れることはできなかったので，全体の雰囲気を若々しく変えるだけでよしとした。しかしプライベートな住居のほうには，思いきった改装を行なったのである。

とくに力を入れたのは，「昼寝用の小部屋」の改装だった。この小さな部屋には隅にちょっとしたコーナーがあった。その壁面に鏡を張り，まんなかに椅子を置いた。鏡の周囲にはバラのつるをかたどった青銅製の装飾をほどこし，葉の茂ったそのつるを板張りの床にまでのばした。そのほかに，ハプスブルク家の紋章である鷲と愛を象徴するさまざまな図案も飾った。

この「昼寝用の小部屋」の隣には，王妃の秘書だったカンパン氏によって図書室がつくられた。その図書室につづいて，プライベートな住居の中心となる「王妃の間」があった。この部屋の床は白と金色の板張りに変更され，コーナーにはやはり鏡が張られ，その天井部分は絹のドレープでおおわれた。部屋にはひじかけ椅子が数脚と，さまざまな工芸品を並べたテーブルがいくつも置かれた。部屋の中央にはクラヴサン（鍵盤楽器の一種）とハープがすえられた。この部屋には，王妃の許可がなければ入ることができず，ここでマリー・アントワネットはプライベートな謁見をしたり，親しい友人を招いたり，お気に入りの楽器を自分で演奏しながら歌をうたったり，画家のまえでポーズをとったり，ひとりで休息したりした。さらに，きわめて小さいが洗練されたサロンが数室と，中2階にもいくつかの小部屋があり，それらすべてがマリー・アントワネットのいわば隠れ家となった。

しかしそれでも手狭だと感じていたマリー・アントワネットは，1782年にソフィ内親王（ルイ15世の娘）が亡くなるとその住居を手に入れ，1階にあった彼女の部屋と自分の住居を行き来できるよう階段でつなぎ，新しく手に入れたその広めの部屋に緑を基調とした簡素な装飾をほどこして寝室とし

⇩図書室でのマリー・アントワネット（これは王太子妃時代の肖像画）――1781年に，王妃は図書室の改装に着手した。しかし，彼女が本を読むことはめったになかった。そのため図書室としての機能よりも，部屋の装飾に重点が置かれたのである。壁一面にガラス張りの戸棚がつくられ，そこに王妃の紋章が入ったモロッコ革の背表紙につつまれた本がずらりと並べられた。若き王妃には，小説や軽めの詩集，その他あらゆる新刊本が次々と献呈された。

た。このようにして数多くの部屋が，ヴェルサイユ宮殿における「王妃の新しい住居」となっていったのである。

マリー・アントワネット様式

マリー・アントワネットは，どんなにささいな装飾や調度品にも自分の趣味を反映させ，けっして手を抜くことはなかった。もっとも，彼女は絵画にだけは，ほとんど興味を示さなかったという。王妃になった当初は，自分の肖像画でさえ，ごく平凡な画家たちに描かせていた。この若い王妃にとって肖像画とは，本人と似てさえいればそれでよかったのである。

ルーヴル美術館で開かれた絵画展を訪れたときも，マリー・アントワネットは風俗画の小品を足早に見てまわっただけで，大作には目もくれずに会場をあとにしている。だが，彼女は女流画家のヴィジェ・ルブランにだけは魅了されていたようで，その感性を高く評価していた。ヴィアンやその弟子のダヴィッドなど，当時流行した新古典主義の画家たちの作品は嫌っており，ヴィジェ・ルブランのほかには，グルーズやオーブリ，とくに風景画家のユベール・ロベールの作品を好んでいたという。

とはいえマリー・アントワネットは，宮殿の床はせっせと美しい板張りに変えていったが，莫大な金額を払って手に入れた絵画コレクションを宮殿内に飾ることはなかった。その代わりに，次々と新しい家具を配置していったのである。彼女は家具のほとんどを，パリでもっとも有名な家具職人のリーゼナーに注文している。リーゼナーはブロンズ職人のグティエールと協力して，見事な家具を王妃のために生みだしていった。椅子の製作は，簡素なデザインで知られていたジョルジュ・ジャコブが担当した。

マリー・アントワネットが望んだのは明るく陽気な装飾であり，夢見ていたのは花に囲まれた生活だった。彼女は，壁かけやカーテン，ベッドカバーはもちろん，磁器や七宝細工にまで花柄のものをつくらせ，飾り棚に並べて楽しんでいた。

⇦⇦王妃の寝室
⇦花柄の壁かけ
⇙ひじかけ椅子――マリー・アントワネットは，暗く重々しい自分の寝室が好きになれなかった。しかし大幅に改装することはできなかったため，壁かけと調度品を変えるだけでがまんしなければならなかった。
「王妃の寝室」の壁かけは，最初に選んだリヨンの業者のものが期待はずれだったため，花束とリボンと孔雀の羽飾りが刺繡されたトゥールの絹織物業者デファルジュの作品（中央上）に変更された。

その他，王妃の住居に置かれた美しい調度品の数々も，外国産の木材，貴金属，漆，磁気の浅浮彫りなど，高価な素材でつくられていた。

左頁下は，プチ・トリアノンの「格子の寝室」に置かれていたひじかけ椅子。この椅子をつくったジョルジュ・ジャコブは，もともと簡素な作風の家具職人だったが，マリー・アントワネットの要求に応え，この素晴らしい椅子を作りだした。布地の部分には一面に花が刺繡され，木製の部分にはスズランやジャスミン，松かさなどの彫刻が色とりどりにほどこされている。ちなみに，マリー・アントワネットの好きな色は，青，緑，スミレ色だった。

プチ・トリアノンの女主人

しかし，マリー・アントワネットが文字どおり理想的な空間をつくることに成功したのは，宮殿内の住居ではなく，離宮のプチ・トリアノンだった。このプチ・トリアノンは彼女の美的センスを証明する建物として，また数々のマリー・アントワネット伝説を生んだ場所として，こんにちでも広く知られている。

マリー・アントワネットがこの離宮を手に入れたのは，1774年のことだった。彼女は建築家ガブリエルの傑作である建物そのものよりも，まわりに広がる庭園に興味を示した。マリー・アントワネットは，造園家ル・ノートルが手がけたヴェルサイユ宮殿の整然とした庭園を，さびしげで，つまらないものだと感じていた。そこで，直線的に配置された並木道や花壇，温室に閉じこめられた花などの人工的な要素はすべてとりのぞき，いきいきとした本当の自然に近い庭園をつくろうと考えたのである。

植物を自由に茂らせるイギリス式庭園を基調に，曲がりくねった小道や泉，滝などが配置され，さまざまな彫刻が飾られていった。また，田舎ふうの２本の橋がかけられた小島にはバラが植えられ，中央には「愛の神殿」と呼ばれる小さな建物が建てられた。さらに，小高い丘のうえにはベルヴェデーレと呼ばれる八角形のあずまやが建てられ，そのまわりには４組のスフィンクス像が置かれた。そして最後の仕上げとして，木々でおおわれた岩山のなかに洞窟がつくられた。この洞窟のわきには小さな滝があったため，秘密の話をするには最適の場所だった。洞窟の内部には苔が厚く生えていて，そこにゆったりと腰をおろすと，だれにも邪魔

⇧プチ・トリアノンと庭園の見取図（1777年）――好みがうるさく，注文の多い王妃も，この見取図には非常に満足した。

されずにのんびりとすごすことができたのである。さらに，この岩山には穴があけられており，洞窟のなかからそとの様子を見ることはできたが，そとから洞窟のなかをのぞくことはできなかった。また秘密の階段もつくられ，庭園の反対側に出ることができるような工夫もされていた。

マリー・アントワネットは，このプチ・トリアノンでくつろいでいるときだけが，自分の家にいるような安らぎを感じる時間だったという。そのため気候のよい季節には，宮殿内の住居を離れ，こちらに滞在することが多かった。プチ・トリアノンでは，王妃にすべての権限がゆだねられており，国王といえども，たんなる客として迎えられることになっていた。庭園には「王の命令によって」という言葉ではなく，

⇦プチ・トリアノン——宮殿から１キロほど離れた場所にあったプチ・トリアノンは，重々しい権威やしきたりから逃れるための，理想的な隠れ家だった。マリー・アントワネットはイギリス式庭園で知られていたカラマン伯爵の庭園やシャルトル公爵の庭園（現在のモンソー公園）を訪れたあと，宮廷建築家のミックにプチ・トリアノンの庭園を設計させた。

また彼女は，建築家ガブリエルの傑作である館のわきに，中国ふうの回転遊具（右手中央）を置くという奇妙な思いつきを実行に移した。これは一種の回転木馬だが，人が腰かける部分は木馬ではなく，さまざまな色がほどこされた木製のクジャクや竜だった。

一方，わざとシンプルにつくられたベルヴェデーレ（⇨p.53）は，古代ローマふうの簡素さと洗練された豪華さをあわせもつ，涼しげなあずまやである。1778年に国王のための祝典で披露された愛の神殿（⇨p.52）も，古代風につくられた。

プチ・トリアノンの工事が行なわれているあいだ，マリー・アントワネットは財務総監とたびたびもめごとを起こした。早くも1775年には，「人びとは王妃の莫大な出費に対して，かなりあからさまに不満を述べていた」という。

愛の神殿

ベルヴェデーレ

「王妃の命令によって」という言葉が記されたプレートが置かれていた。

　しかしこのことが，やがて宮廷じゅうを揺るがすスキャンダルをひきおこすことになる。ヴェルサイユ宮殿と庭園はすべて民衆に開放されていたが，マリー・アントワネットの管轄下にあったプチ・トリアノンとその庭園は，彼女の特別な許可がなければ入れなかった。そのため人びとの好奇心をあおり，悪いうわさを生むもとになったのである。

　マリー・アントワネットがプチ・トリアノンに滞在することが多くなるにつれ，人びとは彼女のことをますます悪く言うようになった。この離宮には国王のために寝室が用意されていたが，彼がその部屋で夜をすごしたことは一度もないという事実も，そうしたうわさに拍車をかけた。王妃とともにプチ・トリアノンに泊まっていたのは，ルイ16世の妹エリ

（左下）エリザベート内親王――国王ルイ16世の妹エリザベート内親王は，生涯独身だった。彼女はいわば脇役として，つねに国王夫妻のそばにいた人物である。

ザベート内親王と，王妃の親友ポリニャック夫人だけだった。

プチ・トリアノンでマリー・アントワネットは，王妃としてではなく，ひとりの女性としてふるまった。「この場所でだけ，私は私自身でいられるのです」と彼女はくりかえし語っている。1780年の夏，王妃は堅苦しい宮廷服を脱ぎ，当時の流行だったゆったりとしたドレスを身につけた。また，髪はといたままの状態で風になびかせ，頭には簡素な麦わら帽子をかぶるようになった（左図）。

建物のなかでは，マリー・アントワネットが居間に入っても，会話をやめたり，刺繍の手を休めたり，楽器の演奏を中断する必要はなかった。王妃は居間に集まった人びとの中央に座り，おしゃべりに加わったり，ひとりで手仕事をしたりした。ここではだれもが，自由気ままに時をすごすことができたのである。

マリー・アントワネットはヴェルサイユ宮殿と同じように，プチ・トリアノンでもよく音楽会を催すために作曲家たちを招いた。彼女はオーストリアの作曲家グルックを高く評価しており，彼の活動を支援していた。また，グルックの最大のライバルであるイタリアのピッチーニや，グルックの系譜をひくサリエリなども厚遇した。しかし，幼い頃ウィーンで演奏を聞いたモーツァルトを招いたことはなかったようである。

↙プチ・トリアノンの庭園にたたずむマリー・アントワネット――1783年の夏，王妃は夢のような時間をもつことができた。スウェーデン貴族のフェルセン伯爵に夢中になった彼女は，プチ・トリアノンで２人きりの時間をすごすことができたのである。

彼女はますます王妃としての義務を忘れていった。民衆は，王妃が簡素なドレス（左図）を身につけることも，つつしみに欠けると考えた。また，

庶民の女の髪型からヒントを得たヘアースタイルも，民衆のあいだでは人気がなかった（上図）。

さらに，王妃が兄の神聖ローマ帝国皇帝ヨーゼフ２世と結託して，ブリュッセルの綿布産業を発展させ，国内のリヨンの絹産業に打撃をあたえるために，絹ではなく綿製品ばかりを購入しているといううわさまで流れた。

「貴族一座」

ルイ15世の愛妾ポンパドゥール夫人がヴェルサイユ宮殿で流行させた「社交界演劇」は，ルイ16世の時代になってもあいかわらず貴族たちのあいだでもてはやされていた。上流階級の貴婦人たちはみずから舞台に立ち，芝居を演じることに楽しみを見出していたのである。しかし1752年以降，ヴェルサイユ宮殿で上演されていたのは,「本物」の劇団による演劇だけだった。

そうしたなか，マリー・アントワネットは，プチ・トリアノンの庭園内に自分のための小さな劇場をつくる許可を国王からもらった。1780年6月1日に披露されたその劇場には，きらびやかな装飾がほどこされ，天井にはギリシア神話の神アポロンが女神たちに囲まれて雲間を漂っている様子が描かれていた。自分の劇場を手に入れたマリー・アントワネットは，みずから舞台に立ちたいという欲望を抑えることができなかった。そこで彼女は，義弟や親しい友人たちとともに「貴族一座」をつくったのである。

1780年8月1日，王妃がひきいるこの劇団は，『国王と農夫』と『思いがけない賭け金』を上演

⇦⇙プチ・トリアノンの小劇場――「貴族一座」のトップスターは，もちろんマリー・アントワネットだった。プチ・トリアノンの劇場を設計するにあたり，彼女は舞台装置の細部にいたるまで，自分の眼でチェックした（左頁上は現存する劇場の内部。左頁下は劇場の断面図）。

芝居の出来映えについては，「堂々とした下手な演技」という意見がある一方で，初舞台を見たグリム男爵のように，「たえず優雅で，ご自身の気品を失うことがなかった」とほめる人もいた。

した。『国王と農夫』は歌と音楽が加わったコメディーで，そのストーリーは，なんと狩りの途中で道に迷った国王が，宮廷に批判的な農夫の家に宿を借りるというものだった。この作品のなかでマリー・アントワネットは羊飼いの娘を演じたが，その娘は農夫に思いを寄せる一方で，若くて放埓な貴族に追いまわされるという設定になっていた。一方，『思いがけない賭け金』は，ひまをもてあましていた侯爵夫人が愛人と自宅であいびきをしていたところに突然夫が帰宅し，あわてて愛人を戸棚に隠すという話で，マリー・アントワネットは侯爵夫人に味方する小間使いの役を演じた。この作品のなかで彼女は，「私たち使用人は，不満に思っています」という台詞を観客に向かって言い，そのあと義弟のアルトア伯爵演じる恋人である召使のために，袖飾りの刺繍をはじめるのだった。

「貴族一座」の座員たちは，専門の喜劇俳優や歌手たちの指導のもとで，毎日熱心に稽古をした。マリー・アントワネットは芝居に熱中することで，重苦しい王妃としての責務から逃れようとした。彼女が無邪気な町娘や女中の役を選ぶことが多かったのは，けっして偶然ではない。ごみ箱の中身を頭からかぶったり，山とつまれたシーツにアイロンをかけたり，女好きな村人から言い寄られたりする女性を演じることで，現実から逃避していたのである。国王もまた，王妃が出演するすべての作品を見ておおいに楽しんだ。だが，その「貴族一座」

⇩王妃の指示によってデッサンされた舞台衣装

の上演に招待されていたのは，国王のほかには，王妃をとりまくごく一部の人びとだけだったのである。

人工の田舎——「村落（アモー）」

マリー・アントワネットはプチ・トリアノンとまわりの庭園を自分好みにつくりなおしたが，それだけでは自分の理想とする空間ができないことを悟った。そこで彼女は，現実生活を完全に忘れることができるような，より自然に近い世界をつくることを夢見るようになった。1783年，プチ・トリアノンの庭園がさらに拡張され，そこに池が掘られた。やがて池のそばには塔が建てられ，さらにあずまやが2つ，納屋（これはダンスホールとして使われた），球技場，鳩小屋，鶏小屋，風車小屋，番人小屋，衣類整理小屋が次々とつくられていった。池の向こう側には，屋根つきの長い回廊で結ばれた小さな家が2軒建てられ，家の外側には美しく調和のとれたらせん階段が2カ所に配置された。田舎にあるわらぶきの家からヒントを得て，これらの家の壁にはわざとひびが入れられるなど，外見だけは本物らしく古びた様子につくられた。

⇧「村落（アモー）」——マリー・アントワネットがプチ・トリアノンの庭園を拡張してつくった，田舎の自然を模した庭園。
　上は，建築家ミックが描いたその「村落（アモー）」の風景画。この村落は，見かけこそ本物と似ていたが，その中身は，王妃と国民のあいだにある溝を象徴的に示すものだった。

この有名な「村落（アモー）」が完成したのは，1787年になってからのことだった。村落のまわりには畑が広がり，まるで本当の田舎を小さくしたような田園風景が完成したのである。より現実味を出すために雄ヤギ，雌ヤギ，ヒツジ，雌ウシなどが連れてこられ，さらにはニワトリやハト，ウサギなども放された。村落全体を管理するために，住みこみで働く農民夫婦もいた。また庭師，牛飼い，モグラやネズミの捕獲人，草を刈る人，下働きの男や女中も雇われた。

豪華絢爛なヴェルサイユ宮殿から2キロほど離れたこの場

所で，マリー・アントワネットはのんびりと散歩することを好んだ。そして農婦が牛の乳をしぼったりチーズをつくったりするのを見て，これこそが田舎の生活だと考えたのである。

しかし，庭師や建築家たちによって本物そっくりにつくられたこの村落は，けっして現実の田園風景を表現したものではなかった。あくまでも上流階級の人びとが，洗練された贅沢さを味わうための理想郷にすぎなかったのである。その意味で，この村落はまったくこっけいなしろものだったといえる。そしてこのような形でしか自然回帰という概念を表現できなかったことは，彼らが自分たちのそとに広がる現実の社会に対して，まったくといっていいほど関心がなかったことを物語っていたのである。

「もう少し予算が許したならば，王妃はさらに80キロから120キロ四方にわたって村落を広げ，国民が住む本物の村落の貧困を消すことに成功したのかもしれない。（略）ばかげたことにうつつを抜かすためにつくった場所で，臣下あるいは同国人の不幸をまねるようなふるまいをすることは，彼らをなぐさみものにするのと同じことのように思われる」

ボンベル侯爵

❖軽率な言動をくりかえし，世論を無視し，故郷オーストリアの言いなりに動くマリー・アントワネットの悪評は，やがて国じゅうに広まっていった。そして彼女の信用は，有名な「首飾り事件」によって完全に地に落ちる。その真相はいまだに謎につつまれているが，この事件ののち，マリー・アントワネットは「赤字夫人」と呼ばれ，国民から嫌悪される存在になってしまう。しかし，それでも彼女は現実に目を向けようとはしなかった。それどころか，スウェーデン貴族のフェルセン伯爵との恋愛に，うつつを抜かしていたのである……………………………………………………………………………………

第4章

広まるスキャンダル

（左頁）ガリア服を着たマリー・アントワネット——これは1783年の絵画展に出品されたもの。この肖像画の下に，「ぼろを身にまとうほど落ちぶれた，オーストリアの姿をしたフランス」という落書きが書かれたことから，この絵はすぐにとりはずされた。

しかし，王妃自身はそのころフェルセン伯爵（右図）に夢中だったため，この騒ぎにそれほど衝撃をうけることはなかった。

中傷の嵐

それまでの国王とはちがって，ルイ16世には愛妾がひとりもいなかった。そのため宮廷で女主人としてふるまうことができたのは，王妃であるマリー・アントワネットただひとりだったのである。以前の宮廷では，国王の愛妾たちが強い権力を握っていた。彼女たちは，身もちが悪く，国庫の金を浪費し，国王によくない助言をする人間として人びとの憎悪を集めていた（もちろん，彼女たちに対するそうした批判がすべて正しいものというわけではなかったのだが）。

ところがマリー・アントワネットは，そのような愛妾たちに向けられていたさまざまな非難を，一身に浴びることになってしまったのである。王妃に対する不満は，最初は宮廷内だけにとどまっていた。しかし，やがて貴族たちに買収された人びとによって中傷文が書かれるようになり，それらが民衆のあいだにも広まっていった。すでに1775年には，マリー・アントワネットは浪費家で軽薄な女性として諷刺文書の対象となっていた。だがそれよりも重大だったのは，彼女が故郷オーストリアのいわばスパイとして，フランスに対する陰謀をたくらんでいるという疑惑だったのである。

たしかにルイ16世の即位以来，マリー・アントワネットは数々の失策を犯していた。たとえば彼女は，ルイ15世の外務大臣だったエギュイヨン公爵と激しく争い，彼を宮廷から追放していた。王妃はエギュイヨン公爵がオーストリアとの同盟にあまり好意的でなく，かつてデュ・バリー夫人の一派だったという理由で，彼を遠ざけたのだった。その結果，マリ

⇖ダイヤモンドのイヤリングをしたマリー・アントワネット――宝石に目がなかったマリー・アントワネットは，国王に内緒で宝石を買うこともあった。このダイヤモンドのイヤリングも，そのひとつである。

だが，このイヤリングは46万リーヴルという高価なもので，支払いの期日にお金を用意できなかったため，結局は国王に泣きつく羽目になった。

ー・アントワネットは，宮廷内で権勢を誇っていたエギュイヨン公爵ばかりでなく，彼と関係のある古い家柄の貴族たちの支持も失ってしまったのである。

そのほかにも，王妃は力のある多くの貴族たちに敬意を払わず，激しい反発をかっていた。その一方で，とりまき連中のさまざまな要求を拒むことはいっさいなく，国王もまたそうした妻のきまぐれをすべてうけ入れていた。

さらにマリー・アントワネットは，自分のとりまき連中から財務総監のテュルゴーの財政改革が「現在の秩序」を乱すことにつながると吹きこまれ，彼を罷免するために暗躍した。妻に押し切られた国王は，やむなくテュルゴーの職を解いた

⇧サン・クルー宮殿の庭園で催されたインド大使の歓迎会——1784年，ヴェルサイユ宮殿の改修工事も終わっていないのに，マリー・アントワネットはオルレアン公爵が所有していたサン・クルー宮殿をルイ16世から贈ってもらった。このとき，「いくつものフランスの宮殿が王妃ひとりの所有物となった」ことを知った民衆は，激しく憤慨したという。

が，この決定に不満をもった人びとは国王ではなく，王妃に対する憎悪をつのらせた。また，母であるオーストリアの女帝マリア・テレジアと，兄の神聖ローマ帝国皇帝ヨーゼフ２世に対する公然たる支持も民衆の反感を買った。1778年，ドイツ南部のバイエルンを自国の領土にしようと考えたマリア・テレジアとヨーゼフ２世が，両国間の同盟を盾に，軍隊の派遣をルイ16世に要請してきたとき，マリー・アントワネットは夫に対して，母と兄の要求を認めてくれるように頼みこんだ。このときは国王の予期せぬ抵抗にあって，彼女の願いはかなわなかったが，大臣と直接談判したり，オーストリア大使と密談するといった彼女の行動は，フランス王妃としての信用を深く傷つけることになった。

　マリー・アントワネットに対する民衆の評価は，いつのまにか大きく変化していた。人びとのまえに姿をあらわしても，

⇩ヨーゼフ2世と配下の将軍たち――マリー・アントワネットの兄である神聖ローマ帝国皇帝ヨーゼフ2世は，いざというときにはルイ16世がオーストリアに味方してくれるよう，妹がうまくとりはからってくれることを期待していた。王妃の信頼が厚いオーストリア大使のメルシーも,マリー・アントワネットが国王に対する影響力をもつようにするため，王妃に，彼女が国家においてきわめて重要な役割を担っていると信じこませていた。

以前ほど歓声を浴びることはなくなっていた。しかし，民衆が自分に不満を抱いていることなど考えもしなかった彼女は，あいかわらず好き勝手な生活を送りつづけていた。王妃を中傷する文書や歌の内容もだんだんと過激さを増していったが，彼女はまったく気にかけなかった。国民とは軽薄なものだと思いこんでいたマリー・アントワネットは，母マリア・テレジアに次のように書き送っている。

「彼らの性格は矛盾しています。しかし，それは悪いことではありません。書かれた文章や口に出された言葉は，その人の心のなかにあることを少しも言いあらわしてはいないのですから」。

彼女は，国民のことをなにひとつ知らなかった。彼らが思っていることにも，彼らの生き方にも，少しも思いをはせようとはしなかった。さらに，温厚な性格のルイ16世も，国民が国王に対して求める「理想の父親像」からはほど遠かった。

1779年2月8日，王女の誕生を祝う儀式のためにパリを訪れた王妃は，住民から冷たい態度で迎えられたが，それほど動揺はしなかった。当時の首相モールパの親友だった哲学者のヴェリ神父は，そのとき次のように語っている。「王妃は，パリの人びとに愛されていないことを知らされた。しかし，つつしみのない遊びや過激なファッション，さらには浪費癖によってこの不快な感情をみずから呼び起こしたにもかかわらず，民衆の態度を見て王妃が今までの行ないを改めようとするとは，私にはまったく思えない」。

⇩マリー・アントワネットとルイ16世に迎えられるマクシミリアン・フランツ大公――1775年のこの訪問時に，マリー・アントワネットの弟である彼とフランスの王族とのあいだで，上席権をめぐる争いが起こった。

マリー・アントワネットはヴェルサイユ宮殿のしきたりを無視して弟に上席をあたえ，さらにハプスブルク家はブルボン家よりもすぐれた家系だと明言した。この事件はやがて民衆の知るところとなり，王妃の人望を失わせた。

⇧ラ・モット氏とオリヴァ嬢――首飾り事件の概要は，事件にかかわった人物の肖像画やさまざまなシーンを再現した版画などで人びとに伝えられた。

まず，売春のメッカとして知られるパレ・ロワイヤルの庭園で，ラ・モット氏はマリー・アントワネットに似た若い女性と出会う（上図）。オリヴァ男爵夫人と名のるこの女性と楽しんだあと（中図），ラ・モット氏は彼女に，自分の妻がおもしろい話をもちかけるかもしれないと言う。（↗）

首飾り事件――その概要

有名な「首飾り事件」は，マリー・アントワネットのイメージを決定的に傷つける役割をはたした。この事件は，どんな小説家も考えつかないような，きわめて奇想天外なストーリーに沿って展開した。

まず，ロアン枢機卿という，家柄はよいが軽薄で遊び好きの高位聖職者の存在である。宮廷の大臣職につくことを望んでいた彼には，自称ラ・モット伯爵夫人という愛人がいた。非常な策謀家である彼女は，まず自分が王妃の親友であるとロアン枢機卿に嘘をつく。さらに彼女は，ロアン枢機卿が要職につけるよう，自分が王妃に働きかけているというでまかせを吹きこみはじめる。そしてその話を枢機卿が信じるように，ラ・モット伯爵夫人は1784年7月のある晩に，ヴェルサイユ宮殿の庭園にある木立の近くで王妃と枢機卿との会見をセットした。夜遅く，暗闇のなかにあらわれた王妃にロアン枢機卿は感激し，うやうやしく身をかがめた。しかし彼が会ったのは，もちろん王妃ではなかった。ラ・モット伯爵夫人がマリー・アントワネットに似た売春婦を買収して，王妃の役を演じさせたのである。枢機卿が疑問を抱く間もなく，この「会見」は手短に切りあげられた。

だが，この会見のあとも，王妃の枢機卿への態度は当然のことながら，なんの変化もなかった。その事実をとりつくろうために，ラ・モット伯爵夫人は王妃が秘密の文通を望んでいると枢機卿に告げた。そして恋人に口述筆記させた手紙を，「王妃からの手紙」と称して枢機卿へ手渡しつづけた。

ラ・モット伯爵夫人は，すでにかなりの金額をロアン枢機卿からだましとっていたが，さらに巨額の金を手に入れる絶好の機会を手にする。ちょうどそのころ，ベーマーとバサンジュという2人の宝石商が豪華なダイヤモンドのネックレスを売るために，ヨーロッパの宮廷を渡り歩いていた。しかしそのネックレスはあまりにも高価だったので，だれもが購入をためらっていたのである。事実，ルイ16世も王太子が誕生したあと，妻にそのネックレスを買うことをすすめたが，さすがのマリー・アントワネットも，あまりに高価だったためにあきらめていた。

ベーマーとバサンジュに会ったラ・モット伯爵夫人は，ロアン枢機卿を利用してこのネックレスを手に入れる計画を立てる。彼女は枢機卿に，王妃がひそかにこのネックレスを購入したいと考えているというウソの話をもちかけた。そして偽造した契約書を枢機卿に見せたのである。その契約書には，王妃の名において4回の分割払いをすると

(↗)その後，オリヴァ嬢と会ったラ・モット夫人は，自分が王妃の信頼を得ている人物だと思わせることに成功する。そして王妃がちょっとした芝居に協力してくれる女性を探しているので，オリヴァ嬢にその役目を引きうけてほしいと頼んだ(下図)。

その役目とは，夕方にヴェルサイユ宮殿の庭園内の木立のなかで，ある人物と会い，「これがなにを意味するのか，おわかりですね」と言いながら，手紙とバラを手渡すというものだった。ラ・モット夫人はオリヴァ嬢に，協力してくれるなら1万5000リーヴルという大金を支払うと約束する。オリヴァ嬢は，王妃に気に入られるためならなんでもやると言って，その申し出をうけ入れた。こうしてラ・モット夫人はオリヴァ嬢を王妃に仕立てあげ，1784年7月のある晩に，枢機卿との会見をでっちあげたのである。

書かれており,「フランスのマリー・アントワネット」という署名が記されていた。王妃が署名に洗礼名しか書かないことは周知の事実だったのに，この話を信じこんだロアン枢機卿は，さっそく宝石商からネックレスを購入し，ラ・モット伯爵夫人に手渡した。もちろんネックレスはすぐに解体され，ラ・モット伯爵夫人の夫によって，フランス国内やイギリスなどで売りさばかれた。

そして第１回目の支払い期限が来た。ベーマーとバサンジュは恐れながらと王妃に代金を請求する。驚いたマリー・アントワネットは，宮内大臣のブルトゥイユ男爵とともに宝石商たちから話を聞き，激怒した。自分が夫に内緒で宝石を買うために，ロアン枢機卿の助けを借りるはずがないではないか。枢機卿は自分の借金を埋めあわせるために，王妃の名を使って宝石をだましとったのにちがいない。枢機卿ひとりに罪があると考えたマリー・アントワネットは，事件を国王に報告し，その一部始終を公表してほしいと頼んだのである。

〔右頁下〕宝石商のベーマー〔左〕とバサンジュ〔右〕——彼らは何年もかかって見事な細工のダイヤモンドを集め，180万リーブルに相当する豪華なネックレスをつくりあげた。

首飾り事件——その裁判

こうして1785年８月15日，ヴェルサイユ宮殿の鏡の間で宮廷じゅうの人びとが見守るなか，ロアン枢機卿が逮捕された。

大臣のなかには，事を穏便に済ませるよう忠告したものもいたが，ルイ16世は枢機卿を裁判にかけてほしいという王妃の言葉に屈したのだった。しかし国王は，裁判所の選択はロアン枢機卿に一任した。枢機卿は高等法院を選んだが，これは王権にとって大きな危険をはらんでいた。なぜなら最高司法機関であり，貴族たちの牙城となっていた高等法院は，1774年以来，国王政府の方針にしたがわないことが多かったからである。

この突然降ってわいた不可解な事件に，フランスじゅうが熱狂した。なにしろ事件の中心人物は，フランスの王妃と枢機卿である。マリー・アントワネットに同情する者は，ほとんど存在せず，大多数の人が王妃は寵愛の見返りとして枢機卿からネックレスを贈られたのだと考えていた。さらには王妃のほうが枢機卿を利用して，

⇦王妃の首飾り――何年ものあいだ軽率な言動や無分別な出費を重ねてきたことのつけがまわり，王妃はこの事件で非常に不利な立場に立たされることになった。木立のなかの会見についても，王妃が夜遅くにおしのびで庭園内を散策することは広く知られていたため，とくに不思議なこととは思われなかった。

また王妃が破廉恥な人物でなければ，枢機卿がここまで策略にはまってしまうことはなかったのではないかと人びとは考えた。さらに，枢機卿は王妃の名誉を守るために，わざと自分が悪者になったのではないかという意見さえ飛びだしたのである。

オーストリアの兄に大金を送ったり，国家の機密を漏らしたのだと言う者さえいた。いずれにせよ，ロアン枢機卿は事件の犠牲者とみなされ，民衆はあくまでも王妃に罪があると信じていた。人びとは被告の弁護人たちが発表した手記に群がり，木立で王妃と枢機卿が会うシーンにみだらな脚色をした諷刺文書も広まった。

一方，裁判官たちの仕事は容易ではなかった。彼らは宮内大臣のブルトゥイユ男爵から，ラ・モット夫人は共犯者にすぎず，この陰謀の責任はすべて枢機卿にあるため，彼を詐欺罪と文書偽造罪で罰するよう命じられていた。しかし裁判官たちは事件にかかわった人びとを逮捕し，さまざまな証言を検証して，少しずつ真実に近づいていった。そしてついに，主犯がラ・モット夫人であることをつきとめたのである。枢機卿については，不敬罪にあたるという見方が強かった。王妃がヴェルサイユ宮殿の庭園で会う約束をしたとか，王妃の名で宝石を買うという話を信じた軽率さが問題とされたのである。

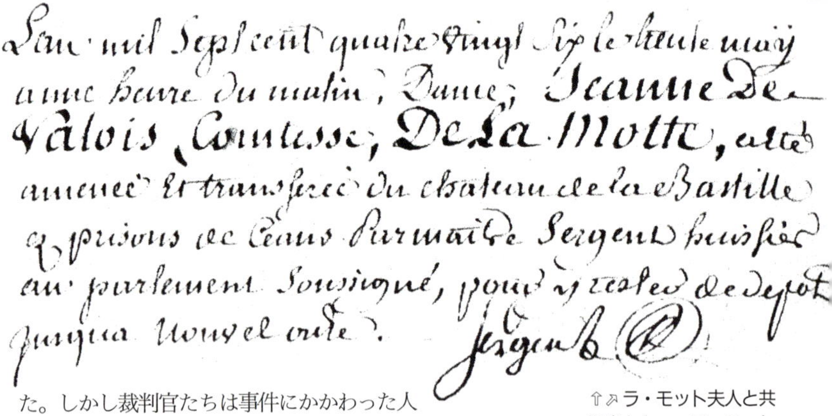
L'an mil Sept cent quatre vingt Six le trente may
a une heure du matin, Dame, Jeanne de
Valois, Comtesse, De La Motte, a été
amenée et transférée du chateau de la Bastille
ès prisons de Céans par moi de Sergent huissier
au parlement Soussigné, pour y rester de dépôt
jusqu'a nouvel ordre. Sergent

判決が出たのは1786年５月31日のことだった。人びとは夜の10時をすぎてから，判決を聞いた。ラ・モット夫人は有罪を宣告された。彼女は公衆の面前で鞭打たれ，「泥棒（ヴォルーズ）」を意味するフランス語の頭文字「V」のやきごてを押されたあと，終身刑に処せられることとなった。イギリスへ

⇧⇗ラ・モット夫人と共犯者たち──ラ・モット夫人（上）はバスティーユ牢獄に投獄された。共犯者である夫のラ・モット氏（右頁左上）とオリヴァ嬢（右頁右上）は逃亡に成功したが，オリヴァ嬢は結局，ブリュッセル（現在のベルギーの首都）で身柄を拘束された。

（本頁中）ラ・モット夫人のバスティーユ牢獄への収監記録。

⇩ロアン枢機卿――パリ高等法院の裁判長と検事総長は，王妃の名のもとで出されたロアン枢機卿を有罪にすべしという命令を，宮内大臣からうけとった。しかし枢機卿の一族は，彼を救うためにみずから調査を行ない，その結果を国王に報告した。ラ・モット夫人のおもな共犯者が逮捕されたのは，彼らの働きがあったからである。

逃亡中の彼女の夫は，欠席裁判で懲役刑を言い渡された。手紙や契約書を偽造したラ・モット夫人の恋人レトーは国外追放となったが，そのほかの共犯者は全員無罪だった。だが，これらの判決は民衆にとってはどうでもいいことだった。彼らが熱狂したのは，枢機卿が無罪になったことを知ったときである。人びとは狂ったように「枢機卿ばんざい！」と叫んだという。

この出来事は，かつてないほどマリー・アントワネットを傷つけた。思いもかけぬ判決を聞いた彼女は，涙にくずおれてしまったという。ルイ16世もこの判決に憤慨し，ロアン枢機卿を辞職させ，修道院に隠棲させた。しかし，高等法院によって無罪とされたロアン枢機卿を国王が罰したことに対し，人びとは激しく反発した。こうして国王は，高等法院に足場をおく貴族たちの支持を完全に失ってしまったのである。

フェルセン伯爵――かなわぬ恋

⇧マリー・アントワネットの肖像――フェルセン伯爵がアメリカへ出発する直前の王妃の様子を，スウェーデン大使は次のように報告している。
「王妃が彼（フェルセン）に愛情を寄せられていることを，私は信じずにはいられません。あまりにも確かな証拠をいくつも見ましたので，それを疑うことができないのです。
（略）別れの日が近づくと，王妃は彼から目を離すことができず，その目は涙にぬれていました」。

不思議なことに，マリー・アントワネットとフェルセン伯爵の長期にわたる関係は，諷刺文書よりも歴史書に多くとりあげられている。マリー・アントワネットがはじめてこの美貌のスウェーデン貴族に出会ったのは，ルイ15世が亡くなる数週間前のオペラ座の仮装舞踏会で，ともに18歳のときのことだった。その4年後の1778年，フェルセン伯爵がヴェルサイユ宮殿に赴いたとき，マリー・アントワネットはすぐに彼のことを思い出したという。彼女はすでに王妃となっており，はじめての子どもを身ごもっていた時期だったが，フェルセンの登場によってその単調な生活は一変する。そして出産後に健康が回復すると，彼女はプライベートな集まりの仲間にフェルセンを加えた。

フェルセンは王妃の顔色ばかりをうかがっている他のとりまき連中とはちがって，自分自身というものをもつ人物だった。男らしさと謎めいた雰囲気をあわせもつフェルセンは，女性たちの心をすっかりとりこにし，マリー・アントワネットも彼と一緒にいるときは胸の高鳴りをおさえることができなかった。しかしフェルセンは，王妃の寵愛に深入りしてしまうことをさけ，1780年，アメリカの独立戦争を援助するフランス軍に志願して海を渡ってしまうのである。

ところが3年後の1783年6月にフランスへもどると，フェルセンは自分が結婚する意志のないことをスウェーデンの父に伝え，妹には「たとえ不自然であっても，私はけっして結

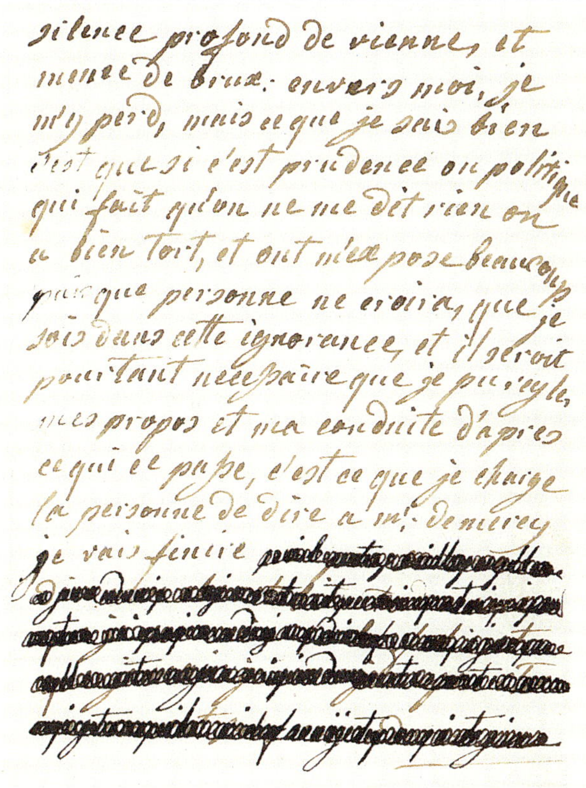
silence profond de vienne, et
meme de brux: envers moi, je
m'y perd, mais ce que je sais bien
c'est que si c'est prudence ou politique
qui fait qu'on ne me dit rien on
a bien tort, et ont m'expose beaucoup
puisque personne ne croira que je
sois dans cette ignorance, et il serait
pourtant necessaire que je puisse regler
mes propos et ma conduite d'apres
ce qui se passe, c'est ce que je charge
la personne de dire a m.r de mercy
je vais finir [redacted]

⇦マリー・アントワネットからフェルセンへの手紙――フェルセンはのちに，フランス革命が勃発する以前の自らの日記と，1791年6月までの王妃からの手紙を処分した。しかし，1791年から1809年までの日記は残されている。この日記には，「2人の恋人たち」の愛情に関する記述が，たびたび見られる。

一方，王妃からフェルセンへの手紙と彼の返信は，1877年に出版された。この本はさまざまな議論を呼び起こした。なぜなら，王妃からの手紙の冒頭と末尾はしばしば削除され，点線でおきかえられていたからである。フェルセン家の人びとは，オリジナルの手紙を公開することを拒み，すでに燃やしたと強く主張した。ところが，手紙は残っていたのである（左図）。

それらはフェルセンの子孫が1982年に売却し，数人の歴史家の手に渡った。彼らは詳細な調査を行なったが，塗りつぶされた部分は判読できないという結論に達した。その部分には愛のメッセージが書かれていると推測されるが，それらを解読することができたとしても，おそらく新しい事実はなにも発見できないだろう。多くの人が期待した「官能的な文章」なども，おそらく記されていなかったものと思われる。

婚しないだろう。（略）私がその人のものになりたいと思っているただひとりの人，私を本当に愛してくれる唯一の人，その人のものになることが私にはできないのだから」と打ちあけている。3年という年月をへてフェルセンは，マリー・アントワネットなしには生きていけないことを悟ったのである。

幸運なことに，ルイ16世は2人の関係についに気づかなかったようである。フェルセン伯爵はその後，マリー・アントワネットの亡命計画などに関わったのち，祖国にもどって栄達の道を歩んだが，生涯マリー・アントワネットの思い出を忘れることはなかった（⇨p.148）。

❖1787年以降，適切な助言者たちを次々と失った国王ルイ16世に対し，マリー・アントワネットは政治面での助言を積極的に行ないはじめた。そして1789年，フランス革命が勃発すると彼女は，夫が代々うけついできた王権を守りぬくために，みずからの身を捧げようと決意する。どのような危険が身に迫ろうとも，マリー・アントワネットは革命によって生まれた新しい思想を，ほんのわずかでも認めることはなかった ……………………………

第５章

フランス革命の嵐

〔左頁〕本を手にして座るマリー・アントワネット――このころ王妃は，さまざまな心配事をかかえていた。長男の王太子は死の床につき，政局のゆくえも混迷を深めていた。

⇨立憲王政を支持していた政治家ミラボー伯爵――ヴェルサイユ宮殿でぜいたくな生活を送っていたころの王妃は，ミラボーの存在も知らず，はじめて会ったときも王政に危険をもたらす人物だと考えていた。しかしのちに彼女は，ミラボーに協力を求めることになる。

「王妃が統治している！」

もともとマリー・アントワネットは政治には関心がなく，自分の友人や敵対者の利益が関係しているときだけ，口をはさむことが多かった。つまり彼女は，政治に関心があったわけではなく，自尊心を満たす手段として国政にかかわっていたにすぎない。王妃は宮廷の陰謀に現職の大臣を巻きこむという形で，彼らを支持したり攻撃したりしたが，だれを支持するか攻撃するかは個人的な好き嫌いを基準としており，一貫した主義主張などまったく存在しなかった。

ところが1787年になると，きわめて不本意ながらもマリー・アントワネットは，夫を補佐する必要に迫られることになる。国王のよき助言者だった人びとがあいついで亡くなり，深刻な財政危機にくわえて，天候異変による凶作が社会不安をもたらしたのである。すっかり気力を失っていたルイ16世を見て，王妃は改革派の高位聖職者であるロメニー・ド・ブリエンヌを財務総監にするよう国王にすすめた。

新しく財務総監となったそのブリエンヌは，王妃を閣議のメンバーに加えた。それを知った民衆は，軽蔑と嫌悪をこめて「王妃が統治している！」と叫びはじめた。マリー・アントワネットは，そうした民衆の批判に真っ向から立ちむかおうと考えた。しかし政治的な素養がまったくないうえに，フランスの現実をほとんど把握していなかったため，彼女は自分の直感だけを頼りにしなければならなかった。既成の秩序が崩れることを心の底から恐れていた王妃は，大規模な改革を行なうつもりは毛頭なかった。王権を少しでも弱めるようなことはけっし

⇦全国三部会の開会式——ルイ16世とマリー・アントワネットは，国の税制を討議するために全国三部会を召集したつもりだった。しかし知識人たちは，全国三部会の召集によって国民議会が誕生し，憲法の制定が進むことを期待していたのである。

左頁下は，社会の不平等を告発した諷刺画。農民が聖職者と貴族を支えるこうした社会を，民衆はなんとか変えたいと思っていた。しかしルイ16世（下図）は，自らの権力を議員たちに分けあたえることをはっきりと拒否した。不安にさいなまれた王妃はこのころ，自分が推薦した財務総監のネッケルに，「全国三部会が国の支配者となるのでしょうか，それとも国王がその地位にとどまるのでしょうか」とたずねている。

て許さない。それだけがマリー・アントワネットの「政治的な信条」だった。そしてどれだけ犠牲を払っても，その信条は守りつづけようと決意していたのである。

フランス革命のはじまり

一方，1787年の凶作にはじまった社会不安は，ますます拡大していった。事態を打開するために，マリー・アントワネットは，今度は民衆に絶大な人気のある銀行家ネッケルを財務総監として招くよう国王を説得する。財務総監となったネッケルは，全国三部会を召集することを国王に迫った。全国三部会は聖職者・貴族・第三身分（平民）の各代表によって構成される身分制議会で，長いあいだ休止状態にあった。ルイ16世とマリー・アントワネットはしぶしぶ全国三部会を召集したが，1789年6月17日には，議決方式をめぐって争いが起こった。その結果，第三身分（平民）の議員たちは「テニスコート（ジュー・ド・ポーム）」に集まってみずから国民議会と名のり，憲法が制定されるまでは解散しないことを誓ったのである。この事態に，国王と王妃は激しい衝撃をうけた。彼らにとって，第三身分の議員たちが法的に権力をもつなど，まったく認められない話だったからである。

そこでルイ16世とマリー・アントワネットは，表むきは国民議会の決議を認めるふりをしながら，一方で民衆を威圧する作戦に出る。議会を解散させるために，パリの周囲に３万の兵士からなる軍隊を呼びよせたのである。軍隊に包囲されたパリは緊迫の度を高め，国民議会の議員たちは軍隊の撤退を国王に要求したが，ルイ16世はそれを拒んだ。結局，武力攻撃を恐れた国民議会は，７月９日に名称を憲法制定国民議会と変更した。

７月11日，作戦が成功したと判断したルイ16世は，財務総監のネッケルを罷免する。マリー・アントワネットもまた，これですべてが終わったと考えた。作家であり政治家でもあるシャトーブリアンは，そのとき王妃が「人生に満足した様子」で鏡の間を歩いていたと記している。

しかし，マリー・アントワネットの幻想はあっという間に崩れる。７月14日，ネッケルの罷免に怒ったパリの住民が反乱を起こし，圧制の象徴とされていたバスティーユ牢獄を襲撃したのである。このとき，「暴動か」と訪ねたルイ16世に，側近が「いいえ，陛下，革命でございます」と答えたという話が伝わっている。これが，以後10年にわたってつづくフランス革命のはじまりであった。

宮廷は恐怖に凍りついた。パリの住民たちはすでに，バスティーユ牢獄の司令官と，要塞の警備にあたっていた兵士たち，そしてパリ市長などを虐殺していた。今後民衆の怒りがどのような形で爆発し，どこまで過激化していくのか，まったく見当がつかない。そうした状況のなか，国王は親しい貴

⇧バスティーユ牢獄の襲撃――この大事件のあと王妃は，国王一家と大臣たちが，フランス北東部の都市メッスに避難することを望んだ。

族たちに一時的にフランスから脱出することを命じ，その一方で王室に対する忠誠心で知られるフランドル連隊をヴェルサイユ宮殿に呼びよせることを決めた。しかしこのことが，さらに民衆の不満を募らせることになる。

革命運動の中心地となっていたパリのパレ・ロワイヤルの庭園では，ヴェルサイユ宮殿に押しかけようという庶民の女たちの声が高まっていた。食糧事情は秋になっても好転せず，飢饉に対する社会不安が拡がっていた。「ヴェルサイユの王様に，パンをもらいにいこうじゃないの」という声があがる。おそらくは，ルイ14世の弟の直系であり，立憲王政のもとで王位につくことをねらっていたオルレアン公の煽動もあったものと思われる。ついに10月４日，女

⇩ヴェルサイユへ向かう女たち──1789年10月５日の早朝，パリの下層階級に属する女たちが，市庁舎のまえに集結した。彼女たちは失業とパンの値上がりに対して，激しい抗議運動をくりかえしたあと，昼頃に国民衛兵をしたがえ，ヴェルサイユへと向かった。その行列のあとには，槍，鎌，鉄砲などで武装したパリの住民たちがつづいた。彼らは王政を罵倒し，王妃を「オーストリア女」と呼びすてて，殺してやると叫びながら行進した。人びとは，王妃が国王に悪影響をおよぼしていると考え，大きな不満をいだいていたのである。

たちを先頭にしたパリの住民たちが，「パンを求めて」ヴェルサイユへの行進を開始した。

10月5日，プチ・トリアノンの庭園を散策していた王妃のもとに，パリの住民が武器をもってヴェルサイユへ向かっているという知らせがもたらされる。宮殿は大混乱に陥ったが，ルイ16世は的確な判断をくだすことができなかった。彼がようやくヴェルサイユを離れる決断をしたとき，すでに群集は国王の馬車に襲いかかり，馬具をはずし，馬をつれさっていた。このときルイ16世とマリー・アントワネットは，生まれてはじめて自分たちが囚われの身になったことを実感した。しかし真夜中になって，国民衛兵の司令官ラ・ファイエット将軍が到着し，国王夫妻は安心してそれぞれ寝室へ引きあげることができた。

それから2時間後，ラ・ファイエット将軍は国民衛兵に宮殿の警護を任せて眠りについた。だが夜が明けると，突然暴徒たちが宮殿内に侵入し，王妃の住居をめざして殺到した。見張りに立っていた近衛兵の叫び声で目覚めたマリー・アントワネットは，自分の寝室と夫の寝室をつなぐ秘密の廊下を通ってなんとか逃げることに成功した（⇨p.134）。

数人の側近に守られた国王一家は，たけり狂った民衆のわめき声を，ただ

⇦勝利をおさめてヴェルサイユからパリへもどる民衆──恐ろしい形相をした血まみれの首がふたつ，槍の先端につきさされて，囚われの身となった国王一家の馬車を先導した。国民の激しい怒りのいけにえとなったことを思い知らされた国王は，気の遠くなるようなパリへの道のりを，沈黙のまま耐えつづけた。王妃は息子をしっかりと胸に抱き，馬車の扉にしがみついて罵詈雑言を吐く女たちに対しても，毅然とした態度をとっていた。

⇧ヴェルサイユを離れる王と王妃――1789年10月6日に，国王一家はパリへ出発した。そのときの様子を描いたこの美しい絵画は，当時の殺伐とした雰囲気をまったくあらわしていない。

　事実はといえば，普段利用する階段の下には暴徒によって虐殺された近衛兵の死体が投げ捨てられていたため，国王は別の階段をおりて馬車に乗った。彼が出発前，側近に「私のあわれなヴェルサイユ宮殿を守るように努力してください」と言ったとき，ぞっとするような静けさが宮殿内を支配したという。

聞いているしかなかった。近衛兵が多数虐殺され，彼らの首が槍の先につきさされた。しばらくして，民衆の興奮をしずめるため，ルイ16世がバルコニーへ出た。「王妃をバルコニーへ出せ！」という叫び声もあがる。マリー・アントワネットは生きた心地もしなかったが，バルコニーへ出て，両腕を胸のまえで組みあわせたままゆっくりと頭をさげた（⇨p.133)。冷静で威厳に満ちた王妃の姿は，人びとの戦意を奪った。直前まで王妃を殺すと叫んでいた彼らの騒ぎはおさまり，その代わりに「パリへ！　パリへ！」という声がわきおこった。そしてルイ16世は，家族とともにパリへ行くことを民衆に約束させられたのである。午後1時頃，国王一家を乗せた馬車は，狂乱した民衆にとり囲まれるようにして，パリへ出発した。そしてパリに到着した国王一家は，市庁舎のバルコニーで長々と民衆のまえにさらされたあと，夜10時半にようやくチュイルリー宮殿に入ることを許された。

チュイルリー宮殿

新しく国王一家の住まいとなったチュイルリー宮殿は，ルイ14世以来，150年ものあいだ放置されていたため，住居として使うには大幅に手を入れる必要があった。そしてヴェルサイユ宮殿から家具が運ばれ，これ以降，国王と王妃は子どもたちとともに，家族水入らずの生活を送ることになる。国王夫妻は舞踏会や観劇，音楽会などを自粛し，みずから捕虜のようにふるまった。ルイ16世はいっさい外出せず，マリー・アントワネットもめったに人前に姿を見せなかった。しかし，このような国王夫妻の態度は，むしろ逆効果となった。民衆は国王に対する畏怖の念を失い，みずからの力を信じはじめたからである。

議会は憲法制定の準備を進めていた。そのなかで決定的な影響力をもっていたのが，国王にも重要な権限をあたえる立憲王政を支持していたミラボー伯爵だった。彼はルイ16世に革命をうけ入れさせたうえで，国王と手を結ぼうと考えていた。王妃に国王を動かす力があることを知っていたミラボーは，なによりもまずマリー・アントワネットに謁見しようとしたが，王妃はミラボーが貴族でありながら平民に味方した裏切り者だとして嫌っていた。とはいっても，国王夫妻にまったく名案はなく，強力な助言者の存在を必要としていたことも事実だった。窮地に立ったルイ16世は，ヨーロッパ諸国の君主たちに手紙を書き，自分の苦しい立場を訴えつづけた。彼はふたたびフランスに君臨するため，「穏健的な革命」のリーダーを装う一方で，あらゆる方法で革命に抵抗するという複雑な役割を演じようとしていたのである。

マリー・アントワネットもまた，そのような国王の方針を積極的に支援した。彼女は兄であるヨーゼフ2世とスペイン

⇩チュイルリー宮殿で人びとのまえに姿をあらわした国王一家——チュイルリー宮殿に到着した翌日から，国王と王妃は上級官吏の代表や大使たちに謁見した。そのたびにマリー・アントワネットは，「こちらに来る予定がなかったものですから」と言って，部屋があまりにも乱雑であることの言い訳をしたという。「国民衛兵」(市民軍が改称されたもの）に見張られていた国王一家は，昼間に何度も宮殿の窓際に姿をあらわさなければならなかった。また，神聖なる宮廷のしきたりは，あいかわらず守りつづけられた。ヴェルサイユ宮殿のときほど厳格ではなかったが，毎日起床と就寝の儀式が行なわれ，週に2回は公衆の面前で昼食をとらなければならなかった。

⇦チュイルリー宮殿の庭園を散策する国王一家——王妃を題材とした諷刺文書の内容は，ますます過激なものとなっていった。民衆が飢え，愛国者たちが血を流すことを王妃は願っているというのである。身の危険を感じたマリー・アントワネットは，チュイルリー宮殿の庭園になるべく姿をあらわさないようにした。しかし，ときには王太子と一緒に散策することもあった。王太子が国民衛兵たちにともなわれて登場すると，民衆は非常に喜んだ。「この子はとてもかわいくて，私は気も狂わんばかりにこの子を愛しています。この子も自分なりの方法で，私をとても愛してくれます」と王妃はポリニャック夫人に書き送っている。

国王に，夫の権威を回復するために力を貸してほしいと頼んだ。しかしスペイン国王からは，はっきりとした返事がもらえなかった。また兄であるヨーゼフ2世も，マリー・アントワネットに今は忍耐すべきだと説き，議会の多数派に賛成することをすすめただけだったのである。

「国王のそばには男がひとりしかいない。それは彼の妻だ」

孤立したルイ16世とマリー・アントワネットは，そうした状況を打開するため，1790年2月にひそかにミラボーと手を結んだ。ミラボーは国王夫妻に忠誠を誓い，莫大な報酬と引

⇧国民衛兵のメダル

きかえに，新しく制定される憲法を国王に有利なものにすることを約束する。そして直接の接触をさけ，数々の報告書を提出することで，国王夫妻に迫っている危険や，彼らがとるべき最善の方法についての助言を行なった。だが国王と王妃はミラボーの助言も検討はしたが，それよりもスイスに亡命していたかつての宮内大臣ブルトゥイユや，フェルセンのほうを信用した。ルイ16世はブルトゥイユに，外国との交渉を全面的に委任した。一方，フェルセンは，国王夫妻のもっとも身近な助言者となった。彼は王妃にいつでも面会する許可を得ており，フェルセンが自由に王妃のもとへ行けるよう，ラ・ファイエット将軍は，宮殿の門のひとつに警備兵を配置しないようにしていた。こうしてフェルセンは，すべての時間を国王夫妻との密談に費やした。彼は国王夫妻が自由になるためにはパリを離れるしかないと考え，王妃もまたその考えに賛同した。

だが，振り返ってみればこのとき，国王夫妻はミラボーの助言を聞くべきだったのである。ミラボーは約束通りの働きをみせていた。宣戦と講和の大権は国王にあたえるという憲法の条項も，すでに定めることに成功していた。シュテファン・ツヴァイクの言葉を借りれば，彼は「王政と民衆を調停できたかもしれない最後の人物」だったのである。ところが，報告書だけの助言にいらだち，謁見を願いでたミラボーを，ルイ16世は拒絶した。そこでミラボーは，マリー・アントワネットに狙いを定め，1790年7月3日にパリの西郊にあるサン・クルー宮殿（気候のよい季節だけ，国王一家はここに滞在することを許されていた）でひそかに会見することに成功する。このときミラボーは，革命に反対する勢力の言葉には耳を貸さないよう忠告し，王妃のもとを辞すとき，「王政は救われました」とささやいたという。この会見の2週間前に，すでにミラボーは「国王のそばには男がひとりしかいない。それは彼の妻だ。（略）だが王妃が玉座を守りおおせたとしても，自分の命は守りおおせないことを私は確信している」と

財務総監ネッケルの助言にしたがって，ルイ16世は1790年2月4日に国民議会で，自分と王妃が憲法の自由を認めることを宣言した。しかしこの宣言は，国王夫妻の本心とはまったくかけ離れたものだった。

王妃はこの日の午前中を泣いてすごしたが，チュイルリー宮殿まで国王を見送ってきた議員たちのまえに王太子とともに姿を見せ，国王の宣言が正しいことを彼らに誓うという演技をしてみせた。

⇦1790年7月14日にパリのシャン・ド・マルスで行なわれた連盟祭——どしゃ降りの雨にもかかわらず，この日は早朝からパリじゅうの人びとが，バスティーユ牢獄の襲撃を記念する連盟祭の会場へと急いだ。大群衆の行列に加わりたくなかった国王一家は，四輪馬車で会場へ向かい，彼らのために用意された席に8時に到着した。民衆は拍手と喝采で国王一家を迎えた。祝砲が鳴り響き，何百人もの楽士が奏でる音楽がそれに加わった。

オータン（フランス中東部）の司教タレーランが大勢の司祭をしたがえてミサをとり行ない，国王は祭壇のまえではなく自分の席から，将来の憲法を守るという誓いの言葉をのべた。打ち沈んだ様子のルイ16世に代わって，王妃は王太子を高々と抱きあげた。それを見た民衆は，「王妃ばんざい！　王太子ばんざい！」と叫びだした。

しかしこの連盟祭は，たんなる休戦期間でしかなかった。世論は王妃が国王をそそのかし，国民を裏切ろうとしていると非難しつづけた。

⇦「まちがった方向に導かれる盲人」と題された国王夫妻の諷刺画。

⇧ヴァレンヌへの逃亡——1791年6月20日，国王一家はいつもどおりの一日を終えた。夕食後，あらかじめ綿密に立てられた計画にしたがって，マリー・アントワネットはフェルセンが御者をつとめる馬車に，まず子どもたちを乗せた。そして就寝の儀式が終わると，国王とエリザベート内親王とともに宮殿をぬけだした。

国王一家をのせた馬車は，フェルセンの見事な働きによってパリを脱出する。予定より2時間遅れたものの，計画は順調に進んだ。途中のボンディの森で，フェルセンは国王のすすめにしたがってブリュッセルへ亡命し，国王一家をのせた馬車は，一路目的地へと向かった。この暴挙といえる逃亡事件は，よく上のようなみだらな風刺画の題材となった（上図）。

覚書に記している。

ミラボーは，国王一家がパリから脱出することには反対していなかった。しかしフェルセンの計画とはちがい，その脱出はフランス軍を頼りに白昼堂々と行なうべきで，外国の軍隊をあてに逃亡すべきではないと考えていたのである。

おろかな逃亡

1790年11月に国王一家がサン・クルー宮殿からチュイルリー宮殿へもどったとき，国王は王妃とすっかり意見を異にしていた。そのような国王の態度は，穏健派の議員たちにとって非常に都合がよかった。国王および王政の信用が失墜したのは，堕落した王妃が国王を操っていたからだと彼らは考えていた。穏健派の議員たちは立憲王政の国家をめざしており，そのためには従順で，しかも民衆から尊敬される国王が必要だった。妻の支配下から脱したルイ16世は，彼らの目に理想的な君主と映ったのである。

ところがマリー・アントワネットのほうは，革命が進行するにつれて，だんだんと恐怖を感じるようになっていた。彼女は毎日のように国王に，革命に全力で立ちむかうべきだとくりかえした。マリー・アントワネットは，残された道はパリから脱出することしかないと考えており，その考えにフェルセンだけでなく，ブルトゥイユまでが賛成した。ブルトゥイユの計画は，オーストリア軍の支援が得られる土地に国王が軍隊とともに身を落ちつけ，そこで権力奪回に向けた作戦を練るというものだった。

こうした計画に反対していたミラボーが1791年４月２日に死去すると，国王夫妻の気もちは一気に亡命へと傾いていく。国民議会が作成する，国王の意向に反した憲法も，すでに成立直前だった。それを苦々しく眺めるだけだったルイ16世は，ついに亡命計画を立てる許可を王妃にあたえる。そしてマリー・アントワネットはフェルセンの英雄的な努力だけを頼りに，フランス北東部にあるモンメディへの逃亡計画を練りあげたのである。こうしてついに1791年６月20日の夜，国王と王妃，２人の子どもたち，国王の妹エリザベート内親王はチュイルリー宮殿から脱出した。しかし早くも翌日の夕方，目的地まであとわずかというヴァレンヌの町で，国王一家は囚われの身となってしまうのである。

⇩ヴァレンヌで捕まった国王一家――パリを脱出した国王と王妃は，自分たちが助かったことを信じて疑わなかった。ルイ16世などは，自分の姿を隠そうともしなかったため，非常に早い段階で正体を見破られている。そして目的地まであとわずかのヴァレンヌで，馬車を止めなければならなかった。ルイ16世は部下のブイエ将軍がひきいる軍隊がすぐにやって来ると考えて，わずかな護衛とともに出発することを拒否し，逃亡するための最後のチャンスを失ってしまう。翌朝，国王一家はパリにつれもどされた。

❖王権を守りぬくためにマリー・アントワネットは，国王とともに表面では民衆の要求にこたえるふりをしながら，陰では権力の奪回をめざした。しかしそれは自殺行為に等しく，1792年８月10日に王権は停止される。マリー・アントワネットは家族とともにタンプル塔に幽閉され，ルイ16世の処刑後にコンシエルジュリーへ移されたあと，きわめて不公平な裁判にかけられ，断頭台の露と消えた　……………………………………………………

第６章

悲劇の王妃

〔左頁〕マリー・アントワネットの最後の肖像画――未完のままで終わったこの肖像画は，それまでの王妃とはまったくちがう女性を描いた作品のように見える。この絵からは，つらい運命に立ちむかったひとりの女性の悲しみとあきらめの気持ちが，ひしひしと伝わってくるようだ。

　マリー・アントワネットにとって，みずからに課せられた責務はあまりにも重かった。しかも彼女は，国王としての力量をもたない夫を，ひとりで支えていかなければならなかったのである。

⇨ルイ16世を題材とした諷刺画――諷刺画や諷刺文書のなかで，国王は大酒のみで頭が弱いと揶揄されていた。

ヴァレンヌからの帰還

ヴァレンヌからの長く屈辱的な道のりをへて，ようやくたどりついたパリで，国王一家は民衆の重苦しい沈黙に迎えられる。だが，とりあえずは何事もなく，一行はチュイルリー宮殿に到着した。

このような事態を引き起こした国王とその家族を，国民議会の議員たちはどのようにあつかってよいかわからなかった。立憲王政を基本とする憲法がまとまりかけている直前に，国王が亡命をくわだてたなど，あってはならないことだったからである。一方，裏のある国王の態度に怒り狂った民衆は，ルイ16世の廃位を要求していた。軽率にもルイ16世はパリを脱出するまえに，自分が革命を最初から否定していたことを宣言文として書き残していた。それまでは，まだなんとか存在した民衆のルイ16世への信望は，これによって完全に失われることになった。

結局，国民議会は最終的な決断をくだすまえに，王権を一時的に停止することを決めた。そして国王は亡命したのではなく「誘拐」されたのだということにして，調査委員会を発足させた。調査委員会の委員たちと面会したルイ16世は，ぬけぬけと嘘をつき，マリー・アントワネットもまた，自分は夫にしたがっただけだと主張した。だが民衆はだまされず，王政という制度そのものを疑問視するようになり，共和政への移行が公然とささやかれるようになった。

国王一家は囚人とみなされ，チ

⇩国王一家のパリへの帰還――パリでは国民衛兵に制止されたものすごい数の群衆が，照りつける太陽のなかで何時間もまえから，国王一家の行列を待っていた。やがて，土ぼこりにまみれた行列がやってくる。国王夫妻はまるで処刑場に向かうような様子をしていた。

マリー・アントワネットは，ひざのうえにしっかりと抱えた息子の髪に，時々顔をうずめていた。町のいたるところに，「国王を拍手喝采で迎える者は棒打ちの刑に処す。国王を侮辱する者は絞首刑に処す」という文章が掲示されていた。

ュイルリー宮殿は文字どおりの牢獄と化した。宮殿の周囲には天幕が張られ，そこに「国民衛兵」と改称した市民軍が野営するなど，厳しい警備体制が敷かれた。しかしマリー・アントワネットは監視の目をかいくぐるためにさまざまな策を弄し，侍女を通じて，国外に亡命しているフェルセンや，兄のヨーゼフ2世と手紙のやりとりをすることに成功している。

「ご安心ください。私たちは生きています」とフェルセンに短く書き送ったその翌日，王妃はさらに次のような手紙を出している。「私はまだ生きています。（略）でも，あなたのことが気がかりです。私たちからなんの知らせもないことであなたを苦しませていると思うと，悲しくなります。（略）どんな理由があっても，こちらにもどってきてはなりません。私たちをここから脱出させたのがあなただということを，だれもが知っています。（略）ご心配なさらないでください。私の身には，なにも起こらな

⇧自分たちの罪を告白する国王夫妻――議会は国王が「誘拐」されたと人びとに信じこませようとした。しかし諷刺画では，国王夫妻が国家のまえで自分たちの非を認めて謝罪し，罪を告白する姿が好んで描かれた。

希望をとりもどしたマリー・アントワネットは，フェルセンに次のような手紙を書き送っている。

「私はあなたを愛していると申しあげることができます。私には，あなたのことを想う時間しかありません。私は元気です。私のことは心配なさらないでください。あなたもお元気かどうか，それだけが知りたいのです。（略）あなたに手紙をさしあげなければ，私は生きていけないのです。さようなら，すべての人間のうちで，もっとも私に愛されている人，そしてもっとも私を愛する人。心からの抱擁を送ります」。

一方，そのころフェルセンは，国王一家を救いだすためにブリュッセルで奔走していた。

いでしょうから。議会は私たちを寛大にあつかってくれるようです。さようなら。(略) あなたにお手紙を書くことも，もはやかなわないでしょう」。

議会の多数派だった穏健派の議員たちは，あくまでも立憲王政をめざしており，なんとかルイ16世の地位を保全しようとした。しかしそのような動きは民衆の神経を逆なでし，王政の廃止を求める共和党という新たな政党が誕生する。一方，ラ・ファイエット将軍やパリ市長バイイに代表される穏健派のほうも，シャン・ド・マルスの虐殺（右図）と呼ばれる弾圧を引き起こしてしまい，これ以降，革命をめぐる闘争は，ますます暴力的で憎悪に満ちたものとなっていった。

「二重の役割」を演じる

マリー・アントワネットは，立憲王政をめざす穏健派の議員たちと手を結ぶふりをすることに決めた。彼女はヴァレンヌからの帰還を出むかえたバルナーヴという若い議員を魅了し，かつてのミラボーのように，議会との仲介者として利用

Je soutiendrai la Constitution
Je détruirai la Constitution

⇦ 2つの顔をもつ国王——議会は国王が無実だという結論をくだしたが，民衆はみな，ルイ16世が二重の役割を演じていたことを信じて疑わなかった。まだ少数派だった急進派の議員たちは，国王の地位をあくまで守ろうとする穏健派議員の行動に激怒し，ルイ16世を廃位させるための嘆願書に署名する集会をシャン・ド・マルスで開いた。事態を重く見た議会は，ただちに戒厳令を出し，悲劇の舞台が幕をあけた。

⇧シャン・ド・マルスの虐殺――1791年７月17日，ルイ16世の廃位を求める嘆願書に署名するために，シャン・ド・マルスで民衆が行列をつくっていた。そこへ，ラ・ファイエット将軍ひきいる国民衛兵が乱入したのである。その後の経緯は不明だが，とにかく国民衛兵の発砲により，何十人もの住民が銃殺された。パリ市長バイイは，反逆者が治安を乱す恐れがあったと言って，この事件を正当化しようとした。

することにした。ミラボーと同じくバルナーヴも，国王夫妻が憲法を承認し，反革命勢力と縁を切るよう懇願した。また王妃に対しては，立憲王政の原則を承認したという手紙を兄のヨーゼフ２世に書き送ることを要求した。王妃は嫌々ながらもバルナーヴの言葉にしたがったが，それと同時に自分が芝居を打っていることも兄への手紙に書きそえている。また，オーストリア大使だったメルシーには，「今，私たちは，疑念を抱かれないよう行動をしなければなりません。そのような行動こそ，私たちが目にしている極悪非道の行為を，できるだけ早く撃退するために役だつのです」と書き送っている。そして1791年９月13日，三権分立と立憲王政を基本とする「91年憲法」が国王の宣言によって成立し，国王夫妻は憲法制定を祝う壮大な祝賀会を開いた。

同年10月１日，新しい憲法のもとで選出された議員による立法議会が発足する。だがマリー・アントワネットに後押しされたルイ16世は，その後も粘り強く「二重の役割」を演じつづけた。王妃もまた，反革命勢力を崩壊させるために，民衆の要求をうけ入れることを説くバルナーヴにしたがうふりをしていた。事態のゆくえはだれにもわからなかった。国外では亡命者たちが激しく革命勢力を非難し，国内でも貴族たちが反乱をあおっていたからである。それに対して革命派は，反革命勢力を壊滅させるため，彼らを支援する諸外国に宣戦布告しようとしていた。戦争になれば，だれもがいやおうなく，革命派であるか反革命派であるかの立場をあきらかにしなければならないからである。

一方，国王夫妻もまた，開戦を望んでいた。外国軍の武力により，革命勢力を一掃できると考えていたからである。このころマリー・アントワネットはメルシーへの手紙に，「今こそ，オーストリアや諸外国の君主が立ちあがるときです」と書いている。

⇧チュイルリー宮殿を襲う民衆――1792年6月20日，マリー・アントワネットは何人かの側近につれられて，子どもたちとともに王太子の住居に逃げこんだ。一方，ルイ16世は妹とともに，宮殿内に侵入してきた群集の面前に進みでた。王妃は夫のもとに行きたいと何度も頼んだ。しかし側近たちは，子どもたちとともに国王の寝室へ避難するよう彼女を説き伏せる。身をひそめる王妃の耳に，彼女の居場所を探しまわる人びとの怒声が容赦なく襲いかかった。(↗)

「私はまだ生きています。しかし，それは奇跡なのです」

1792年4月20日，両者の思惑が一致し，フランスはオーストリアに宣戦布告する。マリー・アントワネットはフランス軍の配備や計画を次々とフェルセンやメルシーに知らせたが，おそらく自分が国民を裏切っているなどとは一瞬たりとも思っていなかっただろう。彼女はただひたすら，母国オーストリアの軍隊によって窮地から救われたいと願っていただけだった。フェルセンへあてた手紙のなかで，王妃は「ますます恐ろしさを増していく」周囲の状況を必死に訴えている。事実，マリー・アントワネットを中傷する文書は，毎日のようにばらまかれていた。何年もまえから「諸悪の根源」とみなされてきた王妃は，今や民衆にとって，「血に飢えた怪物」の

(↗)息子をしっかり胸に抱いた王妃は生きた心地もしなかったが，兵に守られて国王の寝室をぬけだし，会議室に入った。子どもたちとともに部屋のすみに立たされた王妃のまえには，興奮した群集が押しよせてきても大丈夫なように，重いテーブルが置かれた。

会議室になだれこんだ民衆は，王妃に絞首台や断頭台の模型を見せながら，脅し文句や悪口を浴びせたが，王妃はそれにじっと耐えた。国王と同じように革命の象徴である赤い帽子をかぶせられた王太子は，すすり泣いていた。

ようなイメージでとらえられていた。

一方ルイ16世は，新憲法に宣誓しない聖職者を国外追放にする議案と，全国から2万人の連盟兵（国民衛兵）をパリに集めて駐屯させる議案に対して拒否権を発動する。ところが6月20日，このあいつぐ拒否権の発動に怒った民衆が，槍やピッケルで武装して議会に押しよせ，そのあとチュイルリー宮殿を襲ったのである。

王妃は子どもたちやエリザベート内親王とともに，ふるえながら国王の寝室に逃げこんだ。宮殿の扉がすさまじい勢いで叩き壊され，一瞬のうちに宮殿は群集によって占拠された。暴徒が立ちさったのは，夜の10時になってからのことだった。国王は王妃，子ども

⇩マリー・アントワネットの風刺画——民衆は王妃のことを「オーストリアのメスヒョウ」と呼んでいた。

たち，エリザベート内親王と泣きながら抱きあった。「私はまだ生きています。しかし，それは奇跡なのです。20日は，恐ろしい一日でした。人びとがもっとも恨みを抱いているのは，もはや私ではなく，私の夫が生きているということなのです。彼らはもうそのことを隠してはいません」と，この日の出来事をマリー・アントワネットはフェルセンに書き送っている。

フランス王政の終焉

連合軍と戦っていたフランス軍の状況はしだいに悪化し，ついに議会は「祖国の危機」を宣言する。非常事態に陥ったフランスは，連合軍を追いはらい王政を打倒するために，国じゅうから連盟兵をパリに召集した。一方，連合軍の総司令官ブラウンシュヴァイク公爵が出した宣言は，フランスの民衆の怒りにさらに火を注ぐものだった。彼は，フランスの民衆に国王にしたがうよう要求し，もしチュイルリー宮殿が襲撃されるようなことがあれば，パリを全滅させると宣言したのである。この要求にフランス国民の怒りは爆発した。そして1792年８月９日の午後，チュイルリー宮殿を攻撃するという計画が立てられたのである。

国王一家に最後まで忠誠を誓った側近たちは，ルイ16世の住居に集まってなりゆきを見守ったが，パリの住民がすでに蜂起することを決めているのはあきらかだった。夜の11時に民衆を集結させるための早鐘が鳴りはじめ，それが突然やむと宮殿内に重苦しい沈黙が漂った。そして夜が明けるやいなや，民衆と連盟兵が続々と市庁舎に集結し，その多くがチュイルリー宮殿に進撃を開始した。守るのは総勢900名のスイス近衛兵しかいない。ルイ16世は悩みぬいた末に，「では，行くとしよう」と言って，家族とともに議会へ避難することを決めた。

予想外の事態に驚いた議員たちは，国王一家を議長席のうしろにある小さな控え室に押しこめた。議員たちはすぐに国

⇦チュイルリー宮殿における最後のミサ──8月5日，ミサのために国王一家と側近たちが集まった礼拝堂に国民衛兵が来て，「もう，国王はいらない！」と叫んだ。

そのとき，「すべての人が，国王と王妃が直面している危機を強く感じ，国王夫妻の姿を見ることができるのは，これが最後ではないかと考えた」という。

⇙チュイルリー宮殿に侵入した民衆──群集の罵声を浴びながらチュイルリー宮殿を去った王妃は，「一瞬にして顔と胸をむちで打たれたような」気もちになったという。真っ青になった王妃はとりみだしながらも王太子の手をひき，まっすぐ進む国王のあとをついていった。エリザベート内親王，マリー・テレーズ王女，ランバル公爵夫人，侍女のトゥルゼル夫人が泣きながらそのあとにつづいた。

宮殿のすぐそばにあった議会に避難したルイ16世は，議長の左側に立ってこう宣言した。「私は，重大な犯罪をさけるためにここに来た。国家の代表者である諸君とともにいれば，私と家族の身はいつまでも安全だと信じている。私はここで今日一日をすごそうと思う」。

王一家の処遇を決めず，チュイルリー宮殿でくりひろげられていた戦闘の結果を待った。まだ宮殿では，国王から防衛命令をうけていたスイス近衛兵たちが，民衆や連盟兵と戦っていたからである。しかし国王は，彼らに発砲中止命令を出した。怒りを感じながらも命令どおり武器をすてたスイス近衛兵たちは，暴徒たちに虐殺されていった。

こうして，ついに国王と王妃の目のまえで，フランス王政は崩壊した。このとき，マリー・アントワネットはいつまでも泣きつづけたが，国王はまったく動じる様子を見せなかったという。そして夜になると，国王一家は修道院の一室に移された。

⇧タンプル塔の庭園を散策する国王一家（1792年9月29日）――タンプル塔が建つ敷地内には，コンティ公爵によって見事に修復された17世紀の美しい宮殿があった。その宮殿から少し離れたところには，中世に聖堂騎士団によってつくられた円錐形の屋根をもつ2つの塔があった。国王一家は最初，一時的に小塔のほうに入れられ，その後大塔に移された。

タンプル塔

もはや立憲王政を維持することは不可能と判断した議会は，1792年8月10日，ついに王権を停止した。そして国民が望む政治体制をつくるために，新しい憲法を制定するための議会を召集する決議を行なった。さらに8月13日，議会はルイ16世とその家族をタンプル塔に投獄することを決定した。

きわめて厳重に監視されたにもかかわらず，タンプル塔に幽閉されたルイ16世とマリー・アントワネットは，外界の出来事を詳しく知ることができた。召使は自分が耳にしたことをすべて国王に教え，王党派に雇われた新聞の売

⇦タンプル塔での国王一家を描いたドイツの版画──タンプル塔の3階と4階が国王一家の住居としてあてがわれた。それぞれの階は4つの部屋に仕切られ，質素な家具が置かれた。

左頁下は，タンプル塔でルイ16世が使っていた置時計。下は，マリー・アントワネットが使っていた鏡台。国王一家が脱出できないよう，塔にはさまざまな工夫がほどこされた。窓には丈夫な鉄格子がはめられ，日よけもつけられた。そのため，ストーブがたかれていたにもかかわらず，塔内は非常に寒かった。

り子たちも，塀の向こう側でニュースを叫んでいたからである。国王と王妃は，あいかわらず連合軍によって解放されることを願っており，フランス軍が各地で敗北したという知らせを聞いては喜んだ。また，フランスのさまざまな地方で王党派が蜂起したという話も伝わってきていた。

フランス軍が敗北を重ねるにつれ，

タンプル塔での国王一家の生活

国王一家はタンプル塔のなかで，市の役人たちに監視されながら規則的な生活を送った。ルイ16世は朝6時には起床し，着替えをして祈りをすませたあと，9時まで読書をした。マリー・アントワネットは夫よりも遅く起きて，息子が身支度するのを手伝った。

朝食は，国王，王妃，子どもたち，エリザベート内親王が一緒にとった。食事が終わると，国王は王太子に本を読ませたり文章を書かせたりし，ラテン語，歴史，地理などを教えた。そのあいだ王妃とエリザベート内親王は，王女に絵を描いてやったり，音楽を教えたりした。ときどきは，庭園を散策することもあった。

昼食は王妃の部屋でとることになっていた。そのあと国王は妹とテーブルゲームをして遊び，ひじかけ椅子で昼寝をした。王妃とエリザベート内親王は針仕事やあみものをし，子どもたちは勉強した。8時に王太子が眠ると，夕食をとった（左は，1792年8月13日に国王一家がタンプル塔で最初に食事をしたときの光景を描いたもの）。

その後，国王は自分の部屋にもどり，真夜中まで読書をした。王妃は食後の時間をエリザベート内親王と一緒にすごした。

民衆は貴族たちに怒りの矛先をむけるようになった。彼ら貴族たちが，外国勢力と裏で結託しているにちがいない。理性を失った民衆は，王党派とみなされた貴族や新憲法への宣誓を拒否した司祭たちが８月10日以降幽閉されていた牢獄を次々と襲った。彼らは９月２日から６日にかけて，収監者を手当たりしだいに引きずりだし，恐るべき虐殺をくりひろげたのである。パリのあちらこちらで犠牲者の叫び声があがり，水路という水路には泥に混じって大量の血が流れた。王妃の古い友人ランバル公爵夫人も犠牲者のひとりだった。血で汚れた長いブロンドの髪を風にたなびかせた公爵夫人の首は，槍に突き刺されて王妃の住むタンプル塔の窓に掲げられた。

⇩家族に別れを告げるルイ16世──「鉄の戸棚」から秘密の文書が発見された（左図）ことによって，ルイ16世の死刑は確実なものとなった。

「国民の自由と国家全体の安全に対する陰謀」を理由として死刑判決を言い渡された国王は，処刑の前夜に家族に別れを告げることを許可された(下図)。

「ご家族全員が国王陛下の腕のなかに飛びこまれた。数分のあいだ陰鬱な沈黙が漂ったあと，すすり泣きの声が広がった」（ルイ16世の召使クレリーの言葉)。

こうして彼らは約２時間のあいだ，別れを惜しんだのである。

国王の処刑

タンプル塔に幽閉された国王一家は，もはや釈放の可能性など存在しない悪質な政治犯とみなされるようになった。新しく召集された議会である国民公会では，何度となく討論が行なわれたすえに，ルイ16世を裁判にかけることが決定された。そして調査委員会が発足し裁判の準備が進められる過程で，チュイルリー宮殿のルイ16世の住居から，決定的な証拠となる「鉄の戸棚」が発見されたのである。これは国王みずからがつくった秘密の隠し場所で，そのなかには革命当初から彼が「二重の役割」を演じていたことや，亡命者と連絡をとりあっていたこと，外国と交渉していたことなどを証明するさまざまな文書が残されていたのである。このような事実があきらかとなった以上，国王の有罪は決まったも同然だった。

12月11日，パリ市長が突然タンプル塔にやってきて，ルイ16世を裁判所へ引き立てていった。マリー・アントワネットは，不安にさいなまれながら夫の帰りを待った。しかしその晩，国王はいつものように家族のもとにはもどってこなかった。裁判が終わるまで，家族と面会することを禁じられたからである。ほとんど食事もとらず衰弱した王妃は，もはや口をきくこともなく，一日じゅう泣いてすごすようになった。クリスマスの日でさえ，彼女は夫に会うことができなかった。ルイ16世はこの日，悲しみにくれながら遺言を書いた。そして弁護士と司祭に会うことは許されていたため，司祭のまえ

⇩処刑直前のルイ16世
——ルイ16世はマリー・アントワネットに最後の別れを言うために，もう一度会う約束をした。それを信じていた王妃は，服を着たままベッドに横たわって夜をすごした。しかし朝になっても，だれも彼女を呼びに来なかった。ルイ16世につきそっていた司祭が，「別れがあまりにもつらく苦しいものとならないように」，二度と家族には会わないことを国王にすすめたからだった。

ルイ16世は司祭に，自分の髪と結婚指輪を王妃にあたえるよう頼み，「別れるのがつらいと伝えてほしい」と言い残して，断頭台に向かった。

タンプル塔に残された王妃たち

ルイ16世の処刑後，民衆は国王一家の存在を忘れたかのように見えた。しかしフランスの新しい指導者たちにとって，国王一家は諸外国とのとりひきに使うための重要な人質だったため，彼らは一家を手厚く保護した。たとえば，王太子や王女が病気になると，主治医が派遣された（左図）。

市の役人のなかにも，王妃たちの境遇に心を痛める者たちがいた。彼らは王妃たちのためにできるかぎりのことをし，外界のニュースを知らせたりもした。国王一家を逃亡させようとする計画も，次々と立てられては失敗した。

王妃は，家族を残して自分だけが助かることは望んでいなかった。ただ，彼女は信頼していた男性に，ルイ16世の印章を弟のプロヴァンス伯爵に渡すよう頼んだとき，もうひとつ別のことも頼んでいる。それは，飛翔する鳩の紋章と「すべてが私をあなたのもとに導く」という言葉が刻まれた印章の写しをフェルセンに渡し，この言葉が今ほど真実だったことはないと告げてほしいということだった。だが，この写しをフェルセンがうけとったのは，王妃が亡くなったのちの1794年１月21日のことだった。

で熱心に祈りをささげた。翌1793年1月1日，国王は召使をとおして家族から新年を祝う言葉を聞いた。

マリー・アントワネットの不安は頂点に達していた。彼女はまもなく夫の判決が出ることを予想していた。1793年1月20日の晩，彼女はついに子どもたちとエリザベート内親王とともに，国王に会う許可を得る。ルイ16世は，訪ねてきた家族に死刑判決をうけたことを自分自身の口でつげた。王妃は悲痛な叫び声をあげて夫にとりすがった。翌朝，10時22分，太鼓の連打と大砲の音で，彼女は夫がギロチンにかけられたことを知る。マリー・アントワネットは絶望のどん底に突き落とされたが，次の瞬間立ちあがり，息子のまえにひざまずいてルイ17世の即位をたたえたという。

コンシエルジュリー

ルイ16世の処刑後，マリー・アントワネットはすっかり衰弱してしまった。まだ37歳だったにもかかわらず，まるで老女のようだったという。すでに母であるマリア・テレジアは1780年に，兄のヨーゼフ2世は1790年に死去しており，その他の親族は，だれひとりとして彼女に救いの手をさしのべようとしなかった。ただひとりフェルセンだけが，必死の努力をくりひろげていたのである。

そのころフランスの領土は，連合軍に脅かされていた。そうした状況のなか，王党派の将軍がルイ16世の息子を強奪してルイ17世と名のらせ，国王の地位につけようとしているといううわさが流れる。そこで7月3日，マリー・アントワネットは息子と引き離されることになり，母

⇩憔悴したマリー・アントワネット——食事もほとんど口にせず，散歩も拒んだマリー・アントワネットは，発作にたびたび苦しみ，容貌も見ちがえるほど衰えた。見張り役の役人のひとりは，そのような王妃の姿に胸を痛め，あるとき半ば強引に彼女をそとにつれだした。しかし，ルイ16世がいた部屋のまえを通りたくないと王妃が言い張ったため，庭園におりることはあきらめ，塔のうえにある円形の回廊につれていった。そこで彼女は椅子に座り，子どもたちや義妹と一緒に時間をすごしたという。

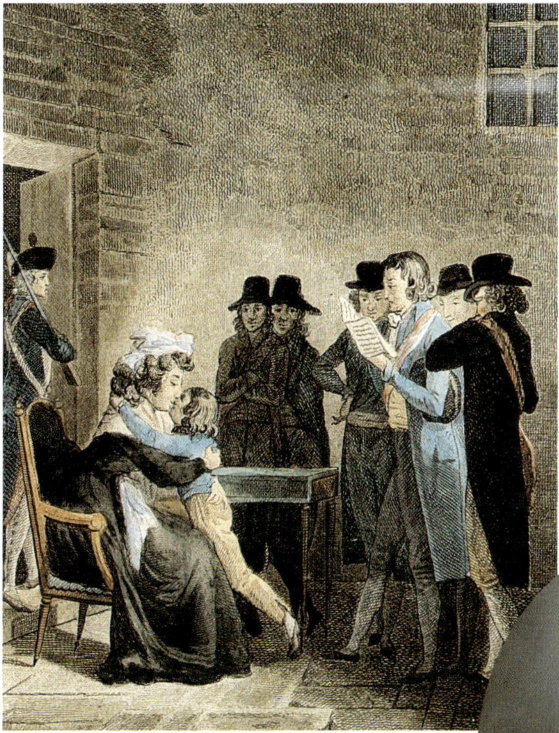

⇦息子に別れを告げるマリー・アントワネット――7月3日の夜10時頃，王妃の部屋に何人もの役人が乱入した。そのひとりが，マリー・アントワネットから息子を引き離すという命令書を読みあげた。それを聞くと，王妃は怒りをあらわにして立ちあがり，息子を手放せない理由を次々と並べたてた。しかし役人たちは妥協せず，王太子のベッドに近づいた。すでに目を覚ましていた王太子は，甲高い声をあげて泣いていた。王妃は息子をしっかり抱きとめていたが，結局彼らの命令にしたがった。彼女は息子を抱きおこし，服を着せ，泣きながらキスをしたあと，男たちの手に彼をゆだねた。(左図)

⇧ルイ17世の肖像

親として最大の苦しみを味わうことになった。王妃は，これ以降喪服を着たまま口もきかず，部屋のなかを亡霊のようにさまよう日々を送るようになる。唯一のなぐさめは，庭園を散歩する息子の姿を壁の割れ目からのぞくことだけだった。

一方，連合軍は快進撃をつづけ，フランス国内の暴動も激しさを増していった。議会は革命の敵を一掃しようと考え，その標的として王妃を選んだ。8月2日の午前2時，マリー・アントワネットは重罪犯を収容するコンシエルジュリーに移された。独房に入れられた彼女には，多くの見知らぬ面会客があった。なぜなら，この有名な「オーストリア女」を一目見たいものはだれでも，守衛に料金を支払えばその希望がかなえられたからである。そのような面会客のなかに，脱獄計画が記されたメッセージを添えたカーネーションを王妃に渡したものがいた。だがこの計画は，結局，表沙汰となる。そして，このいわゆる「カーネーション事件」をうけて，革命裁判所の検事フーキエ・タンヴィルが，マリー・アントワネットの裁判の「予審」を開始したのである。

２人の議員がマリー・アントワネットを尋問した。彼らは「カーネーション事件」に関する問題を早々と処理したあと，革命初期からの王妃の言動についての質問を彼女に浴びせた。ヴァレンヌへの逃亡事件が発覚したあとと同じように，マリー・アントワネットは，自分は妻として，つねに夫である国王の意向にしたがっただけだと答えた。一方，国民公会には王妃の処刑を求める要望書が次々と提出された。そしてついに1793年10月５日，彼女は起訴され，裁判のために大勢の証人が急いで集められた。

王妃の裁判と処刑

マリー・アントワネットの知らないうちに，裁判はたんなる逃亡計画に対する審議ではなく，革命全般に対する彼女の姿勢を糾弾するためのものとなっていた。10月12日午前６時，革命裁判所の裁判長エルマンは，検事フーキエ・タンヴィルと書記のまえにマリー・アントワネットを出廷させる。この非公開で行なわれた尋問（⇨p.141）の席で，マリー・アントワネットを「敵との共謀」と「国家の安全に対する陰謀」の罪で裁判にかけることが決定した。彼女には国選弁護人が２人つけられたが，彼らには事件の書類を調べる時間的な余裕はあたえられなかった。

1793年10月15日，午前８時，かつてフランスに君臨した王妃マリー・アントワネットは，青ざめながらも威厳に満ちた様子で裁判所の大法廷に姿をあらわした。喪服姿に喪章をつけた白い帽子をかぶった彼女は，検事と裁判官たちが居並ぶ

⇩革命裁判所に出廷するマリー・アントワネット――この図の手前には，王妃の処刑を望むロベスピエール派の陪審員が並んでいる。その内訳は，外科医，書籍商，かつら師，木靴屋，コーヒー店主，帽子屋，音楽家，指物師が２人，競売吏，ジャーナリスト，元代訴人，議員の経験がある元侯爵である。

手すりの向こうには，「諸悪の根源であるオーストリア女」に刑がくだされるのを，今か今かと待ち望んでいる民衆が集まっている。かつての王妃の姿を知っている人びとは，彼女の憔悴しきった変わりはてた姿を見て驚いたという。

テーブルのまえに用意された椅子に腰をかけた。

「オーストリア女」が犯した罪状が読みあげられたあと，41人の人間が虚偽で固められた証言を行なった。それらの証言に対して，王妃ははっきりと反論した。裁判長は彼女を有罪とする決定的な証拠を引きだすことができず，王妃の弁護士

⇩タンプル塔で王太子がうけた尋問の調書――幼いルイ17世（ルイ・シャルル・カペー）に無理やり供述させた内容（⇨p.145）をもとに，王妃が近親相姦の罪で告発されたとき，彼女は平然としていた。しかし陪審員のひとりが弁明を求めると，今度は非常に興奮した様子で立ちあがり，はっきりとこう答えた。

「私が答えなかったのは，母性というものにかけられたこのような疑いに答えることを，自然が拒むからです。私はこの問題を，この法廷にいるすべての女性に訴えます」。それを聞いた庶民の女たちは，マリー・アントワネットを憎んでいたにもかかわらず，同じ母親としてこのように不当な中傷をうけた彼女に対して思わず同情をよせた。

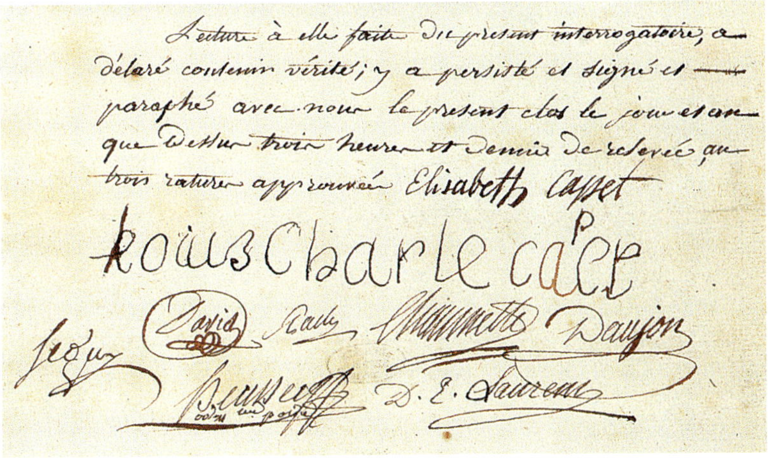

Lecture à elle faite du present interrogatoire, a
délaré contenir vérité, y a persisté et signé et
paraphé avec nous le present clos le jour et an
que dessus trois heures et demie de relevée au
trois ratures approuvées Elisabeth Capet
Louis Charle Capet
David Chaumette Daujon
D. E. Laurent

CAIN

コンシエルジュリーを出るマリー・アントワネット

夜があけたとき，マリー・アントワネットの世話をしていた女中のロザリーは，王妃が喪服を着たままベットのうえに身を投げだし，涙にくれているのを見た。わずかな食べ物さえ口にしない王妃に対して，ロザリーは少しでもスープを飲んでほしいと懇願した。

喪服を着て処刑場に行くことは許されなかったので，8時頃ロザリーは王妃の着替えを手伝った11時に牢獄の鉄格子が開き，マリー・アントワネットはコンシエルジュリーを出た。

この日はすでに夜明けからラッパが鳴り，町じゅうの広場や十字路に大砲がすえられ，パトロールが巡回していた。死刑執行人がもつ長いロープの先に結びつけられた王妃は，粗末な荷馬車にのせられて断頭台へと向かった。

彼女のそばには新憲法に宣誓した司祭が座り，王妃に神の恩寵をあたえることを申し出たが，彼女はそれを拒否した。新憲法に宣誓した司祭など彼女にとっては謀反人でしかなかったからである王妃はコンシエルジュリーで，新憲法に宣誓することを拒否した司祭からひそかに最後のミサを授かったと思われる。

処刑場に向かうマリー・アントワネット

この絵のなかで，マリー・アントワネットは罪人としてではなく，民衆の怒りに屈した犠牲者として描かれている。

無実と無垢の象徴である白いドレスに身をつつみ，神の威光で輝いた顔を天に向けた彼女の姿は，まさに「殉教する王妃」の具象化といえる。死刑執行人が彼女の手を背中のうしろで縛っていても，庶民の女たちが喜びのあまり歓声をあげていても，王妃はすでにこの世の存在ではないかのように自分の苦しみには関心をもっていない。

この絵を描いたハミルトンなど，イギリスやドイツの多くの画家たちは，フランス革命の時代とそれにつづく帝政期に，国王一家を「神聖化」した作品を手がけるようになった。フランスでは，さらにのちの王政復古時代に，ルイ16世とマリー・アントワネットが公式に「崇拝」されるようになり，パリの贖罪礼拝堂にはルイ16世とマリー・アントワネットの記念像が置かれた。

こうしてマリー・アントワネットは，王政を支持する人びとにとって，不滅のヒロインとみなされるようになったのである。

たちは，熱心に彼女の立場を擁護した。そして裁判長エルマンの長い演説が終わると，ついに陪審員たちが退出して「審議」を行なうこととなったのである。

マリー・アントワネットは，国外追放の刑に処せられることを期待していた。彼女が国家や国民を裏切ったという証拠は，なにひとつ出てこなかったからである。しかし実のところ，王妃が死刑になることは，はじめから決まっていたのだった。そのことをカムフラージュするために，陪審員たちは討議するふりをして１時間あまりをすごした。

厳しい寒さにもかかわらず，裁判所のそとでは大勢の群集が判決をまちわびていた。審議が終了したという合図が出ると，法廷は深い沈黙に閉ざされた。「マリー・アントワネット，これから陪審団の答申を言い渡す」と裁判長エルマンが告げ，検事フーキエ・タンヴィルが「被告人は死刑に処せられる」と叫んだ。その判決をマリー・アントワネットは身じろぎもせずに聞き，呆然としたまま法廷を横切って退出しようとした。民衆がつめかけている傍聴席のまえにくると，ふたたび昂然と頭をもたげたが，廊下に出るとよろめき，「もうなにも見えなくて，歩くことができません」と言って憲兵の手を借りたという。

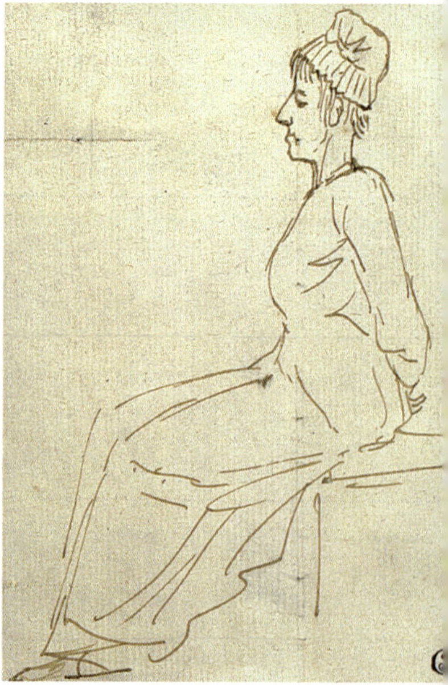

翌10月16日，無数の群集がひしめくなかで，マリー・アントワネットは断頭台へ向かう荷馬車にのった。その途上で彼女を救出しようとする動きにそなえて，パリには３万人の部隊が配置された。元王妃をのせた荷馬車は，ゆっくりと進んだ。彼女の白い髪はばっさり切り落とされ，帽子からはみだしていた。顔は青ざめ，目は充血していたが，背筋はピンと伸びていた。処刑場に到着して断頭台を目にしたとき，彼女は一瞬おびえたような表情をしたが，次の瞬間には颯爽と荷馬車からおりた。そして「挑戦的

⇩マリー・アントワネットの最後の手紙──「妹よ，あなたに，最後の手紙を書きます。私は判決をうけたところです。しかし恥ずべき死刑の判決ではありません（死刑は犯罪者にとってのみ，恥ずべきものなのですから）。あなたの兄上に会いに行くようにとの判決をくだされたのです」。

判決をうけたマリー・アントワネットは，独房にもどるとすぐにエリザベート内親王にあてて，この最後の手紙を書いた。

⇦断頭台上のマリー・アントワネット──王妃は12時15分に処刑された。死刑執行人たちは王妃の遺体をマドレーヌ墓地へ運び，身体の部分を草のうえに放り投げ，足のあいだに頭を置き，そのままの状態で１日以上放置したという。

しかし，王政復古時代になると，ルイ16世とマリー・アントワネットの遺体は掘りだされ，新しく建てられた贖罪礼拝堂内の墓地に埋葬された。

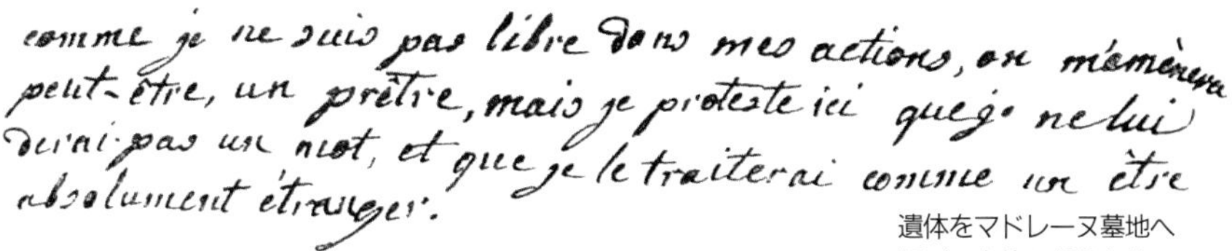

comme je ne suis pas libre dans mes actions, on m'amènera
peut-être, un prêtre, mais je proteste ici que je ne lui
dirai pas un mot, et que je le traiterai comme un être
absolument étranger.

な態度」で断頭台の急な階段をのぼり，頭をさっと振って帽子を落とすと，ギロチンの刃の下に首を置いたという。

刃が落ちると，死刑執行人は血まみれの頭をつかみあげた。それを見た民衆は，「共和国ばんざい！」と口々に叫んだ。

マリー・アントワネット伝説

マリー・アントワネットは，おそらくフランス史上もっとも有名で，もっとも論争の的となった女性と言えるだろう。彼女の処刑後，王党派の人びとはマリー・アントワネットを「殉教した王妃」として伝説的な女性に仕たてあげた。その

〔左頁下〕画家のダヴィドによる，恐ろしいほど写実的な，処刑寸前のマリー・アントワネット。

ため，多くの人びとがマリー・アントワネットについては，その死後，沈黙を守ったり，ときには真実をゆがめた証言を行ない，その結果，さまざまな疑惑も解明されないまま残されてしまった。

一方，共和主義者たちにとっても，フランス最後の王妃であるマリー・アントワネットは，重罪人とはとらえられていない。共和主義的な思想をもつ伝記作家たちは，むしろ彼女のことを愚かでわがままな王妃にすぎないとして，その政治的役割を過小評価する傾向がある。

とはいえマリー・アントワネットは，依然として，広く人びとの興味をかきたて，同情を誘う人物でありつづけている。そしてこの現実離れした悲劇的な女性の秘密を，私たちはいまだに探ろうとしているのである。

いつの時代にも非難されてきたように，マリー・アントワネットは感傷的でやや軽薄なひとりの女性にすぎず，歴史的な運命を引きうけるような器量はもっていなかった。しかし彼女は，少なくとも古きヨーロッパにおいて，だれよりも貴族的な生き方を貫いた女性として，人びとの記憶に今も深く刻まれているのである。

資料篇

悲　劇　へ　の　道

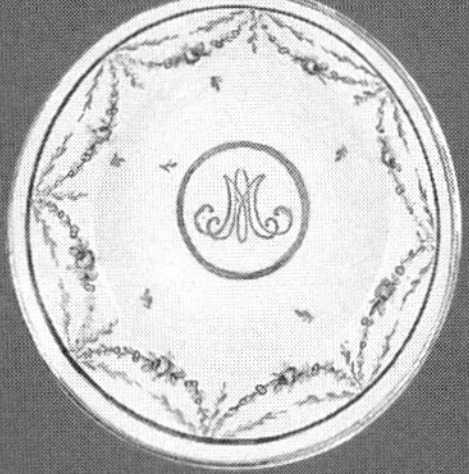

マリー・アントワネットの道具類
のなかにあった受け皿。

1 マリー・アントワネットの「悲劇」

シュテファン・ツヴァイク

王妃マリー・アントワネットの物語を綴るということは，弾劾する者と弁護する者とが，たがいに激論のかぎりをつくしている，いわば100年以上にもわたる訴訟を背負いこむと同じことである。議論が激情的な調子をおびているのは，弾劾者側のせいである。王政にとどめをさすために，革命はこの王妃を槍玉にあげねばならなかったし，しかも王妃の女としての側面を攻撃せざるをえなかった。(略)

マリー・アントワネットは，王党派の祭りあげた偉大な聖女でもなければ，革命のとなえた娼婦，「賤業婦」でもなかった。彼女は可もなく不可もない性格の持主であり，ただの一女性であって，特別賢いわけでもなく特別馬鹿だということもなく，火でもなければ氷でもなく，善行に対する特別の力をそなえていたわけではないが，そうかといって，悪事を犯す意志はもうとうなかったというわけではなく，昨日の，今日の，明日の平々凡々たる一女性，魔神的なものに心を傾けることもなく，英雄的なものを意志するでもなく，したがって一見ほとんど悲劇の対象にもならぬていの凡婦であった。しかし歴史というこの偉大な造物主は，感動的な芝居を打つのに，べつに主役として英雄的性格を必要としない。悲劇的緊張は，ずばぬけた人物から生ずるばかりでなく，またいつでも人間がその運命と不釣合であることによって生ずる。悲劇的緊張が芝居がかってあらわれる場合もあり得る。巨人，英雄，天才がその持って生まれた使命に対してあまりに窮屈な，あまりに敵意にみちた環境と，抗争におちいる場合がそれである——。たとえばちっぽけな孤島セント・ヘレナで窒息しそうであったナポレオン，また聾という窮地におちいったベートーヴェンのように——程合ということを知らず，そのはけ口を見いださないあらゆる偉大な人物においては，時と所とを問わずそうである。しかし中庸の人物が，あるいはそれどころか，弱々しい天性の持主が巨大な運命にまきこまれ，彼らを圧しつぶしてしまうような個人的責任を背負いこむ

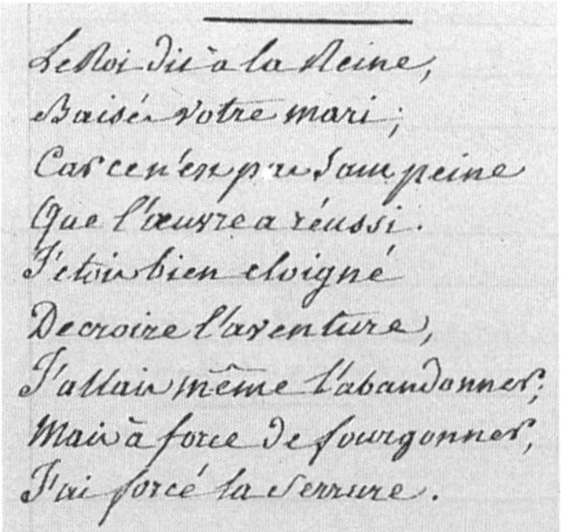
Le Roi dit à la Reine,
Baisé votre mari;
Car ce n'est pas sans peine
Que l'œuvre a réussi.
J'étois bien éloigné
De croire l'aventure,
J'allois même l'abandonner;
Mais à force de fourgonner,
J'ai forcé la serrure.

マリー・アントワネットを題材とした諷刺文書

場合にも，それに劣らず悲劇性が示されるのであって，この型の悲劇のほうが，私にはいっそう人間的に感動的な悲劇形式であるとさえ思われる。（略）

このような中庸の人物を，時あって運命が掘り起こし，有無をいわさぬその鉄拳によって，彼ら本来の凡庸さを強引に抜けださせることができるということに対して，マリー・アントワネットの生涯は，おそらく史上最も顕著な実例である。この女性はその38年の生涯の最初の30年間，もちろん際立った雰囲気においてではあるが，とるにたらぬ人生行路を歩んでいる。善行においても，悪事においても，並の度を越すことはけっしてない微温的な魂の持主であり，過不及ない性格の人物であって，歴史的に見ても最初のうちは単なる端役にすぎない。彼女の嬉々とした，とらわれない遊びの世界に革命が闖入してこなかったならば，それ自体とるにたらぬハプスブルク家のこの一皇女は，あらゆる時代の何百万という女性と同じように，悠々閑々として生きのびたことであろう。彼女はダンスを踊り，おしゃべりをし，恋し，笑いさざめき，お化粧をし，訪問をし，慈善を施したことであろう。彼女は子供を産み，そしてあげくのはては静かに死の床に横たわったことであろう。真に世界精神のために生きるということもなくて，往生したであろう。（略）

生きた人間のただひとりも，彼女の人物を問題にし，その消えうせた魂を探ろうという要求を感じなかったであろうし，なんぴとも彼女がはたしていかなる人間であったかを知らないで終ったであろう。そして——これが最も肝腎なことだが——彼女自身，フランス王妃マリー・アントワネット自身も，あの試煉を受けなかったならば，自分が何者であったかを知らずじまいに終ったことであろう。（略）

いまだかつて自分自身のことを問うこともしなかった，試煉を受けたこの女性も，ついにはその苦悩のうちに愕然として，ついにおのれの変貌を識る。彼女の外的権力が地を払った今こそ，かの試煉がなかったならば，あり得なかったかもしれないような何か新しいもの，偉大なものが彼女自身の内部に始まりつつあることを，彼女はそこはかとなく感づく。

「不幸のうちに初めて人は，自分が何者であるかを本当に知るものです」という，なかば誇りやかな，なかば打ち驚いたこの言葉が，とつぜん彼女の驚いた口から洩らされる。まさにこの苦悩によってこそ，彼女のささいな平凡な人生も実例として後世に生きるところがあるという一種の予感が，彼女を襲う。そしてこのような一段と高い責務の自覚によって，彼女の性格は自分自身を超えて成長する。はかない形が崩壊する直前に，芸術品，永続的な芸術品が実現する。最後の最後の瞬間に，平凡人マリー・アントワネットはついに悲劇の域に行きつき，その運命と同様に偉大となるからである。

高橋禎二・秋山英夫訳『マリー・アントワネット』（岩波文庫　1980年）より

2 マリー・アントワネットの宮廷生活

20代の若き王妃は，軽薄な遊びにうつつを抜かしていた。それはまだ年若い彼女にとってみれば，人生のむなしさを追い払うための，あまり罪のない気晴らしにすぎなかった。しかし彼女の思慮の浅い言動は，伝統を重んじるフランス宮廷において，人びとの激しい反発を引き起こした。

礼儀作法に対する反抗

王妃の着付けは礼儀作法の粋《すい》でありまして，そのすべてが厳格な作法によって決められておりました。王妃の女官《にょかん》と化粧係は，侍女《じじょ》頭とふたりの侍女の手を借りながら，一緒に王妃の着付けを行ないましたが，女官と化粧係の仕事は細かく区別されていました。化粧係はペチコートを渡し，ドレスを差しだす役割をもっていました。一方，女官は王妃が手を洗うための水を注ぎ，肌着を渡すのです。しかし着付けのとき，王家の貴婦人が居あわせた場合は，女官はその貴婦人に肌着を渡す役目を譲ることになっていました。といっても，王家の貴婦人に直接譲るのではありません。そんなときには，女官は肌着を侍女頭に渡し，侍女頭

王妃の宮殿で奉仕する女官

がそれを王家の貴婦人に差しだすことになっていました。彼女たちはみな，それぞれの権限をわきまえ，こうした習慣をきちんと守っていたのです。

ある冬の日のことでした。王妃はすでに裸になられて，肌着を身につけようとなさっているところでした。私〔カンパン夫人〕が肌着を広げて手にしていると，そこに女官が入ってきて，大急ぎで手袋を脱ぎ，肌着をとりあげました。そのとき扉をたたく音がし，オルレアン公爵夫人が入ってこられました。公爵夫人は手袋を脱ぎ，肌着を手にとるために進みでました。しかし，女官は肌着を直接公爵夫人に差しだすことはできないので，肌着を私に手渡し，それを私が公爵夫人に渡すことになります。でもそのとき，ふたたび扉をたたく音がして，今度は王弟の奥様であるプロヴァンス伯爵夫人が入ってこられました。オルレアン公爵夫人は，肌着を伯爵夫人に差しだしました。そのあいだずっと，王妃は胸のうえで腕を組みあわせて，寒そうにしておられたのです。伯爵夫人は王妃のつらそうな様子をご覧になり，手袋もとらないまま肌着を王妃にお渡しして，王妃の髪をといてさしあげました。王妃はいらだちを隠すためにお笑いになられましたが，そのまえに何度も小さく「不愉快だわ！　なんてわずらわしいんでしょう！」とつぶやいておられました。

こうした窮屈な礼儀作法に従わなければならないのは，国王の兄弟姉妹をはじめとする王家の人びとだけでした。(略) なかでもマリー・アントワネット様は，ヴェルサイユ宮殿内で守るべき多くのしきたりに遭遇しておいででしたが，それを耐えがたく感じていらっしゃったようです。

宮廷用に礼装して王妃の寝室に残り，女官や化粧係と一緒に儀式に参加できたのは，宣誓を行なって役職についている婦人たちだけでしたが，王妃は，そうした儀式をすべて廃止なさいました。

王妃は髪を整えたあとは，寝室に集まっている婦人たちに会釈し，侍女だけをしたがえて婦人服屋のベルタン嬢が待つ小部屋に入られます。ベルタン嬢は王妃の寝室に入ることが認められていなかったからです。寝室の奥にあるこの小部屋のなかで，ベルタン嬢はたくさんの新しい衣装を王妃に披露していました。また王妃は，当時パリで人気のあった美容師をお雇いになっていました。宮廷のしきたりによると，国王一家のために奉仕する一般の者はみな，民衆のための仕事をしてはならないとされていました。おそらくそれは，宮廷内の様子や王室のプライベートな事情を庶民の目から隠すためだったのでしょう。ところが王妃は，技術を磨かなければセンスも衰えてしまうとお考えになり，ご自分のお抱え美容師が宮廷やパリの女性たちの髪を結うことをお望みになっていました。そのことは，宮廷内の細かな情報が人びとのあいだに流れるだけでなく，しばしばそれらの情報が歪んで伝えられるという結果をもたらしました。

王妃にとってもっとも不愉快なしきたりのひとつは，毎日公衆の面前で夕食をとらなければならないことだったと思います。ルイ15世の妃であるマリ・レクザンスカ様は，このうんざりするようなしきたりをいつもお守りになっていました。マリー・アントワネット様も，王太子妃のあいだはこのしきたりにしたがっておいででした。王太子様も，王室のかたがたもみな，毎日，夕食の様子を公開していたのです。きちんとした身なりの者ならだれでも，宮殿内に入ることをとがめられませんでした。国王陛下のご家族の食事風景を眺めることは，とくに地方の人びとにとっての楽しみだったらしく，夕食の時間になると，田舎から出てきた者ばかりが宮殿内の階段を行き来していました。彼らは王太子妃がスープを飲む様子を見たあと，王子たちがゆで肉を食べる様子を見に行き，それから内親王たちがデザートを食べる様子を見るために息を切らせて走るのでした。

古くからのしきたりによれば，公衆の面前に出るときにフランス王妃が身のまわりに置けるのは，女性だけとされていました。食事の給仕にあたるのも女性でなければならず，男性の召使はつねに王妃から遠ざけられていました。これは国王が王妃とともに公衆の面前で食事をするときも同じで，食卓のうえに直接置かれるものは，すべて女性が給仕しなければなりませんでした。

(略)

王妃は即位と同時にこのしきたりも廃止なさいました。さらに王妃は，女官たちが退出したあとでヴェルサイユ宮殿内をお歩きになるとき，宮廷服を着た2人の侍女を従えなければならないという決まりもおやめになりました。それ以来，王妃はひとりの召使と2人の従者だけをつれて宮殿内を歩かれるようになったのです。

『カンパン夫人の回想録』

女性らしさに満ちあふれた王妃

マリー・アントワネットと同時代を生きた多くの人びとは，彼女のことを高く評価していない。しかし，彼女にこのうえない魅力を感じた人びとが存在したことも事実である。

この目は，王妃を見るためだけにあると言ってもよい！　青春の女神ヘーベー，花の女神フローラ，ギリシア神話の美女ヘレネ，美と優雅の3女神グラティアエも，王妃と比べれば街頭の浮かれ女にすぎない。立ったり座ったりする王妃の姿は，まさに美の化身であり，動きまわる王妃の姿は，優雅さの化身である。王妃はよく，夾竹桃《きょうちくとう》とほんのわずかなダイヤモンドと羽飾りをちりばめた，銀のドレスを身につけていた。

王妃は正しいリズムで踊らないと言う人がいる。しかし，それは音楽のリズムのほうがまちがっているのだ。私は王妃以上に美しい女性を見たことがない。別の言い方をするなら，王妃はすべての女性を圧倒するほど美しかったのである。

ホレス・ウォルポール
1775年8月23日の手紙
『マリア・テレジアとメルシー・アルジャント一伯爵の間でかわされた秘密書簡』
所収

王妃は，不当な裁判に異義を申し立てる不幸な人びとに，なにかと関心をもっていた。たとえば，数年前に斬首刑となった父の判決の破棄を求めていたラリー・トランダルの息子である。王妃は彼に特別目をかけていた。また先王の時代の判決によって，長いあいだ拘禁されて仕事を失った砲兵隊士官のベルガルド氏も，王妃の力によって無罪となり復職した。

マリー・アントワネットはアメリカ建国の父と呼ばれるワシントンにならい，人間性を発揮できる機会を熱心にとらえようとした。たとえば恩赦を願いでる時間を稼ぐために，若きアスギルの処刑を延期した。

王族としてはきわめてまれなことだが，マリー・アントワネットはそれほど情にもろい人間ではなかった。しかし，王族にありがちな極度の無関心とも無縁だった。あだっぽく，豪華な衣装を身に着け，庭園をつくるために莫大な出費をしたといううわさのために，彼女に対する不平不満がうずまいていたことは確かである。しかしその一方で，彼女の善行と個人的な魅力も長いあいだ消えることはなかった。

『サン＝プリエスト伯爵の回想録』

狡猾な人物とされたブザンヴァル男爵は，鋭敏な観察力をもった文筆家でもあった。王妃の私的な集まりに参加する許可を得ていた男爵は，彼女に対してかなり厳しい評価をくだしている。

王妃には，非常な才気がある。しかし教養という点からみると，彼女にはまったくその素養がない。何冊かの小説をのぞいて，彼女が本を開いたことは一度もなかった。また社会のなかで身につけるべき基礎知識さえ，みずから求めようとはしなかった。まじめな話をしようものなら，彼女の顔にはうんざりした様子がありありと浮かび，会話そのものが続かなくなってしまう。彼女の会話は支離滅裂で，気まぐれで，次から次へと話題が飛ぶ。(略)彼女はその場かぎりのおもしろおかしい話で笑い，少し気ままにふるまうことで満足する。また，宮廷内でささやかれているさまざまな悪口を聞くことを，なによりも楽しみとしていた。

ピエール・ヴィクトール・
ブザンヴァル男爵『回想録』

独立心の強い妻

マリー・アントワネットは，夫である国王を尊敬していないと，人びとから非難された。大臣モールパとも親しく，国王一家の日常を鋭く観察していたヴェリ神父が，その点について次のような証言を残している。

1776年

自堕落な生活を送っていた王妃は，国王を楽しませようなどとは少しも考えていなかった。彼女は，通常の夫婦のあいだで見られるような気配りさえしようとはしなかったのである。(略)彼女はしばしば夫を無視した。まるで，国王は若い女性にとって興味をひく人物ではないとでも言いたげだった。また王妃は，自分の予定を夫の予定に合わせようともしなかった。だが国王のほうは，それでもじゅうぶん満足していた。というのは，彼はそれほど気難しい性格ではなかったからである。

1779年11月

王妃は日ごとに夫に対する影響力を強めている。(略)しかし一見したところ，彼女の言動は，夫に対する影響力を強めるどころか，むしろその反対のものであるように思える。なるほど，人びとは彼女が夫に対してほとんど敬意を払っていないということを，公然とは証明することができない。しかし人びとは，国王が王妃に夫らしい愛情を示すことはきわめてまれで（だからといって，王妃を愛人のようにあつかっているわけではないが），王妃を妻として見ることはめったにないことを知っている。

1779年11月

先月のある日，彼女はサンテュベール（ヴェルサイユから約20キロ離れた狩猟場）で夕食をとらなければならなかった。その日の朝，国王みずからが（略）陽気な口調で，「今夜は，ご婦人方と一緒に夕食をとることにしよう」と言ったからである。そのため，サンテュベールへ向かう道には替え馬が配置され，ヴェルサイユ宮殿を出発する王妃のお供の任務を引きつぐために，近衛兵たちが出動体制を整えていた。

ところがその日，王妃はお気に入りだったポリニャック伯爵夫人が，温泉旅行からパリにもどったという知らせを聞いた。王妃はなにをおいてでも伯爵夫人に会いたいと思った。側近たちは，替え馬も近衛兵も今からパリに向かうことはできないと意見を述べたが無駄だった。「替え馬がなくても近衛兵がいなくても，私は参ります」と王妃は言ったのである。このとき，王妃には国王に対する礼儀を重んじる義務があるということを，彼女に進言できる者はだれもいなかった。もっとも，そのような進言をしたところで，王妃の気もちを変えることなどできはしなかったのだが。お気に入りの女性のことで頭がいっぱいになった彼女は，結局サンテュベールには行かなかった。

このささいな出来事は，王妃の夫に対する日常的なふるまいの，ほんの一例にすぎない。国王はそのことに気づかないように見えたうえ，そのような状況のなかでも妻に対して一応の敬意を払っている。一方，民衆はそれまで王妃には愛人がいるのではないかと疑っていたが，この出来事によってその疑惑は一掃された。だが，悪意というのはそう簡単に消えるものではない。悪意は矛先を変え，今度は王妃が同性愛者だという疑いが広められたのである。

国王夫妻の小さな肖像画がついた嗅ぎ煙草入れ

情事に関する話題にはすべて飛びつく傾向がある人びとは，そうしたうわさを事実だと信じた。しかし，中傷にすぎないと判断できる分別のある人びとは，理性を発揮して，それらの話を信じることはなかった。

ジョゼフ・アルフォンス・ヴェリ神父

『日記』

しかし，マリー・アントワネットをもっとも手厳しく批判したのは，まちがいなく兄の神聖ローマ帝国皇帝ヨーゼフ２世だった。彼は1777年にヴェルサイユ宮殿を訪れたとき，妹に長い意見書を手渡している。

妹よ，あなたは夫といるときに，愛想よくやさしくふるまっていますか。あなたはあらゆる機会をとらえて，彼があなたに示す思いやりにこたえていますか。彼があなたを愛撫したり，あなたに話しかけているとき，あなたは冷たくぼんやりしてはいませんか。退屈したり，さらにはうんざりしたように見えてはいませんか。もしそういう態度を示しているなら，もともと冷淡な性格の彼があなたに近づき，さらにはあなたを愛するということを，どうして望むことができるでしょう。この問題を解決するためには，あなたのこまやかな配慮が必要です。そしてこの大きな目的に達するために，あなたはできるかぎりのことをしなければなりません。それが，あなたの人生を幸福へと導く，このうえなく強いきずなとなるのです。けっして投げだしてはいけません。あなたは一生，彼が子どもをもつことに対して前向きな姿勢をとり，それを断念したり絶望したりしないように望む必要があるのです。あなたは否定的な考えを捨て，夫と別々のベッドで寝るという事態を全力で避けなければなりません。あなたの魅力と好意以外に，それを成功させる手立てはないのです。

『フランス王妃への意見』

激しく非難された王妃

1787年以降，マリー・アントワネットが国政に関わりはじめると，人びとの非難はさらに激しくなっていった。国王と王政に敬意を払っていたボンベル侯爵は，王妃がなぜそこまで嫌われてしまったかを詳しく分析している。

1788年７月21日――先頃，王妃はポリニャック公爵夫人に言った。「私にはこの世に

２人の親友しかおりません。あなたとエステルハージ伯爵です」。

４日ほどまえ，王妃はトリアノンの庭園を散策しているとき，この献身的な寵臣エステルハージ伯爵に，自分がどれほど不幸な人間であるかを訴えた。なぜなら，すぐれた能力を見こまれて首相に任命された人物が，いつのまにか国家にとって憎むべき人間となっていたからである。そのうえ，王妃はフランスの国益しか考えていなかったにもかかわらず，民衆からひどく嫌われていた。さらに上の王太子は重い病気にかかっており，兄の神聖ローマ帝国皇帝はなにかにつけて侮辱されるという不幸が重なっていたのである。このとき王妃は，「私よりも同情されるべき女性を，だれかご存知ですか」と，エステルハージ伯爵に言ったという。

本質的には善良でやさしい王妃が，あまりにもたくさんの悲しみに直面し，苦しんでいたことは容易に察せられる。しかし，彼女がフランス王妃としての重要な役割に満足し，国王の役割をはたそうなどと望まなければ，これらの悲しみの多くは彼女の悩みの種とはならなかったはずである。王妃は自尊心が強いあまり，自分には夫である国王をしのぐ力があると考えていた。そしてこの力によって，あらゆる出来事に対処したり，自分には荷の重すぎる仕事を指揮したりすることができると信じていたのである。

また，本来王妃は国民に愛され崇拝されるべき対象としてフランスに君臨しなければならなかったのに，彼女は兄の神聖ローマ帝国皇帝に心酔していたため，国家意識をもたない人間として嫌われていた。彼女の頭には，オーストリア・ハプスブルク家の伝統的な思想がすっかりしみこんでいたものと思われる。ハプスブルク家の女性たちはみな，夫の権威に勝る力をもつことを躊躇せず，それが普通のあり方だと考える傾向にあった。しかし，そのような壮大な企てを成功させるためには，王妃は国民に次のような姿を見せなければならなかったのである。すなわち，逆境においては毅然たる態度を，危険にさらされたときには勇気を，複数の意見をまえにしたときには賢明さを，問題をかかえたときには聡明さを，計画を立てたときには結果を，操作するときには巧妙さを，臣下に対しては善良さを，外国に対しては好意を示す必要があったのだ。もし，ひとりの女性のなかにこれらの重要な長所の一部分すら見出されないとすれば，彼女は天が分配したやさしく穏やかな美徳を発揮することによってのみ，人びとからの愛情や尊敬を得ることになるだろう。それ以上のものは，なにひとつ手にすることなどできないのである。

マルク・マリ・ボンベル侯爵

『日記』

3 母としてのマリー・アントワネット

母としてのマリー・アントワネットは，けっして幸福ではなかった。娘の王女は気難しい性格で，最初の王太子は重い病に倒れた。彼女は2人目の息子（のちのルイ17世）を「愛しいキャベツ」と呼び，すべての愛情を彼に注いだ。

「王太子，なんという幸せ」

国王夫妻は長いあいだ，王位継承者となるべき王太子の誕生を待ち望んでいた。若きスウェーデン伯爵ステディンクは，最初の王太子が誕生した場面をきわめて感動的なタッチで描きだしている。

「王妃は本日（10月22日）午後1時25分に，王太子を出産なさいました。（略）

その日，国王はプロヴァンス伯爵とアルトア伯爵とともに狩りにお出かけになるご予定でした。すでに準備が整い，大勢の人が出発したあとでした。出発前に国王は王妃のもとにお立ち寄りになりました。王妃は隠そうとされていましたが，国王は王妃が苦しんでいらっしゃることに気づかれました。そこで国王陛下は，ただちに狩りのご命令をとりけされました。

四輪馬車が出発しました。それは，宮廷じゅうの人びとに王妃のもとに駆けつけるようにとの合図でした。女性たちの多くは身なりを整えるひまもなく，男性たちはそのままの姿でした。しかし国王は，きちんと正装なさっていました。しきたりに反して控えの間の扉は閉ざされ，出産の際に奉仕する人びとの邪魔にならないようにしてありました。（略）耐えがたいほどの15分がすぎたあと，王妃の侍女のひとりが髪を振り乱し，すっかりわれを忘れた様子で入ってきて，私たちに叫びました。『王太子です！

でも，まだそれを口外してはならないとのことです』。私たちの喜びはあまりにも大きかったので，それを抑えることは不可能でした（略）。

王妃の控えの間は，見るからに楽しげでした。喜びが絶頂に達していたのです。みな酔ったようになり，かわるがわる笑ったり泣いたりしていました。ほとんど見知らぬ人どうしが，男性も女性も，たがいの首に飛びつき，王妃にはそれほど好意を感じていない人たちでさえ，その場を支配する雰囲気に引きずりこまれていました。そして，ご誕生の30分後に，王妃の寝室の扉が開き，王太子殿下であることが発表されたときは，また別の喜びがわきおこりました。うれしそうに顔を輝かせたゲメネ夫人が，王太子を腕に抱いてひじかけ椅子に座り，自分の部屋へおつれするために，椅子を押させて住居内を通りぬけていきました。歓呼の声と拍手が王妃の寝室にまで達し，それはおそらく王妃の心のなかにまでしみとおったことでしょう。みな，われ先にと，王太子はおろか椅子にさえさわろうとしました。人びとは王太子をたたえながら，群れをなしてそのあとについていきました。住居に到着すると，大司教はまず聖霊騎士団の騎士の青綬を王太子に授けようとしました。しかし国王は，なによりもまず，王太子にはキリスト教徒であってほしいとおっしゃいました。洗礼は，午後3時に行なわれました。（略）人びとははじめ，あまりにも激しい興奮を引き起こさせないために，王太子が生まれたことを王妃に申しあげかねていました。まわりの人びとがあまりにももったいぶった様子をしていたので，その雰囲気を感じとった王妃は，女の子が生まれたものと思いこまれ，こうおっしゃいました。『私にどれほど思慮分別があるか，おわかりでしょう。あなたがたになにもたずねないのですから』。王妃の不安を見てとった国王は，その不安をとりのぞいてさしあげるときだとお考えになりました。そこで国王は，目に涙を浮かべておっしゃいました。『王太子殿下が，お入りになりたいそうですよ』。こうして王妃のもとに王太子が

王女と王太子に囲まれた王妃

連れてこられました。そのときの様子を目撃した人びとは，今までこれほど感動的な場面を見たことはなかったと言っています。王太子を抱いていたゲメネ夫人に向かって，王妃はこうおっしゃいました。「抱いたままでよいのですよ。その子は国家のものですから。でも，その代わり私は娘を自分の手にとりもどします」。

A.ジョフロア

『グスタフ３世とフランスの宮廷』所収

王太子の病気と死

不幸にも，最初の王太子は幼くして重い病に倒れた。王子と王女の教育係だった女官の婿であるボンベル侯爵は，深刻になっていく王太子の病状を日記に書きとめている。

1786年４月６日——王太子殿下は数日前から熱を出されているが，だれもこの事態には対処していない。たとえば，王太子や王女たちが日常をすごしている住居のテラスである。そこの空気がきわめて悪いという結論がくだされた。そのテラスはスイス近衛兵の泉水に面しているのだが，そこの水が悪臭を放っているのである。王子や王女たちは，そのテラス以外で遊ぶことはめったにない。２年前の同じ時期にも，王太子殿下の健康状態が極度に悪化したことがあった。そのときはあらゆる治療が試みられたあと，ラ・ミュエットの離宮に移された。その地で彼は健康を回復し，さまざまな鍛錬をして身体を丈夫にし，血色をとりもどしたのである。

しかし，王太子を自分の保護下に置くことしか考えていない打算的な人びとに，以前そのような方法で彼の健康が回復したことを思い出させるのは，まったく不可能なことだった。だれがなにを言おうとも，社交界における体面よりも大切なものはないと考えられていたからである。王妃が何日かまえに，「もし私の息子が普通の人間の息子だったなら，きっと元気になることでしょう」と言ったのも，おそらくこのような状況を踏まえてのことだったのだろう。彼女の考えは正しいと思う。しかし不可解なのは，国王陛下の態度である。王妃とはちがい，国王には子どもたちを肉体的にも精神的にも教育する権限があった。そして彼は，つねづね確固たる意思をもってその権限を行使していた。また，子どもたちに対する国王の愛情は，きわめて激しく純粋なものだった。それにもかかわらず，ときおり彼は，子どもたちに対して無頓着になることがあったのである。

1786年４月12日——王太子殿下の病状はパリの人びとにも知られるようになり，彼が手厚い看護をうけていないといううわさがささやかれるようになった。ポリニャック公爵夫人は国王に対して，ここ２ヵ月間というもの，王太子が発熱で苦しまなかった夜は一度もなかったと申しあげた。医師のブリュニエは，一刻も早く王太子を空気のよい場所に移すべきだと主張し，そうしなければ命にかかわる問題に発展すると断言した。国王と王妃に対して，ポリニャック夫人は王太子を転地させる決断をうながした。かつて，夫人の子どものひとりもヴェルサイユ宮殿で病気になったのだが，パリの自邸に移すと目に見えて元気になり，すっかり健康をとりもどしたことがあったからである。彼女の子どもはパリの閉鎖的な庭園を散歩した程度だったが，それでもヴェルサイユ宮殿よりは新鮮な空気を吸うことができたのだった。（略）

王太子殿下をムードンの離宮にもサン・クルーの離宮にも移さないように，人びとはさまざまな理由をこじつけた。たとえば，ムードンの離宮は王太子をお迎えできるような状態ではないというのである。しかしムードンには，新しい城館のほかに10棟の立派な住居があり，このような場合に気兼ねなく使うことができるようになっていた。またサン・クルーの離宮は，職人たちがひっきりなしに出入りしているからという理由で不都合だとされた。ところがサン・クルーには，王太子が住むのにふさわしい，また療養に専念するためにもじゅうぶんな空間をもつ住居が手つかずのまま残されていたのである。王太子は，弟のノルマンディー公爵と同じ年齢のときまでは，見事なまでの健康に恵まれていた。王妃の子どもたちは，成長するにつれてだんだんと養育が難しくなっていったのである。

1788年6月8日――今日，私たちは王太子に拝謁する機会を得た。私はこみあげてくる涙をぐっとこらえた。王太子の背中は老人のように曲がり，顔は鉛色で，弱々しいまなざしをしていた。見るからに痛ましい状態となった王太子は，客が来ることを嫌がっていた。彼は自分の姿が人目にふれるのを恥じていたのである。多少は回復したものの，依然としてひどい衰弱状態に陥っていた王太子を救うには，おそらく切開手術しかないと思われる。しかし，手術が行なわれることはないだろう。それでも解剖学者のプティは，切開手術によって王太子の命を救うことを望んでいた。彼はもはや手の施しようがなくなったときに，ようやく呼ばれたことを嘆いた。また彼は，王太子が脊椎の病気にかかっていると主張したのだが，その意見は主席医師ブリュニエの考えとは異なっていた。フランスの王子や王女たちは，しばしばこのように，さまざまな意見の対立の犠牲となったのである。

マルク・マリ・ボンベル侯爵
『日記』

結局，最初の王太子は，1789年6月4日に亡くなった。国内の政情が悪化して全国三部会が開かれた1カ月後のことだった。スペイン大使のフェルナン・ヌニェスは，本国に対して次のような報告をしている。

1789年6月4日：

「3日から4日にかけての深夜1時30分に，とうとう王太子は短い生涯を終えられました。本日，遺体には防腐処理が施され，そのまま土曜日までムードンの遺体安置室にとどめられることになっています」。

6月8日：

「幼い王太子を亡くした国王夫妻は，大きな苦しみに耐えていらっしゃいます。王太子は，亡くなる1年前から非常に苦しまれたものと思われます。と申しますのも，遺体を解剖したところ，8個の脊椎がカリエスにかかり，脊柱の片側の肋骨はほとんど完全にはずれていたことが判明したからです。身体をさわられたときに王太子が大きなうめき声をあげた理由が，今になってはっきりとわかりました。人びとは，生後18ヵ月のときに転倒したことが，王太子の病気の原因だと言っています。しかし私は，王太子が1年じゅう塗っていた発泡薬が少なからず体液をためる結果となり，このような症状に発展したものと思います」。

フロリダブランカのフェルナン・ヌニェス

アルベール・ムセ

『フランス革命の知られざる証人，フェルナン・ヌニェス伯爵』所収

配慮の行き届いた母

1789年7月24日，マリー・アントワネットは，王子と王女の教育係に任命されることになったトゥルゼル夫人に宛てて手紙を書いている。その手紙からは，2人目の息子(のちのルイ17世)に対する彼女の深い理解と母性愛が感じられる。

この子は，あと2日で4歳と4ヵ月になります。体つきや風貌についてはふれません。ご覧になればわかることですから。健康状態はいつも良好でした。しかし幼少のころからすでにわかっていたことですが，この子の神経はとても鋭敏で，ほんのわずかな物音にも必要以上に反応します。(略)神経が細いため，慣れない物音がするといつもおびえます。たとえば犬を怖がりますが，それは犬に近くでほえられた経験があるせいです。でも，だからといって私は，息子に犬を無理やり近づけるようなことはいたしませんでした。分別がつくにつれて，そのような恐怖心は自然に消えていくと思ったからです。丈夫で元気な子どもはみなそうですが，この子もとてもそそっかしく，怒ると乱暴になります。しかし，腹をたてさえしなければ，よい子でやさしく，甘えん坊でさえあります。極端に自尊心が強いのですが，これは正しい方向へ導けば，いつかは長所となるかもしれません。すっかり親しくなるまでは，だれに対しても，おとなしく愛想がよく見えるように自分を抑えたり，いらだちや怒りを隠すこともでき

ます。なにかを約束したら，きちんと守ります。しかし，口の軽い面もあります。うわさに聞いたことを，すぐに受け売りしてしまうのです。また，嘘をつくつもりがあるわけではないのですが，他人の話に自分の想像をつけ加えることもよくあります。これが息子の最大の欠点ですから，きちんと改めさせなければなりません。

しかし，もう一度申しあげますが，息子はよい子です。ですから，やさしく，同時に毅然とした態度で接すれば，それほど厳しくしなくても，望みどおりに育てることができるでしょう。むしろ，厳しすぎるとかえって逆らうかもしれません。というのも，この子は年齢のわりに強情なところがあるからです。例をあげますと，ごく幼いころからこの子は，「ごめんなさい」という言葉を口にするときは，とても傷ついていました。自分がまちがっていたと思うと，どんなことでもこちらが思ったとおりに，したり言ったりしてくれますが，「ごめんなさい」という言葉を口にするときだけは，きまって涙を浮かべ，このうえなくつらそうな表情をするのです。

子どもたちには私を心から信頼するように，そしてまちがいを犯したときはそのことを私に言うように言い聞かせてきました。そのために，私は子どもたちを叱るとき，子どもたちの行為を怒っているというような様子を見せず，私自身が苦しい思いをし，悲しんでいる様子を見せることにしています。私が一度，「はい」または「いいえ」と言ったら，それはとりけしのきかないものだということも，子どもたちに言い聞かせてきました。しかしそれがたんなる私の気まぐれによるものだと思われないように，私はいつも子どもたちの年齢で理解できるような理由を説明しています。この子はまだ，読むことができません。勉強も嫌いです。あまりにもそそっかしいので，集中することができないのです。

息子は自分が身分の高い人間だと思っていませんが，これはまだこのほうがよいと考えています。いずれは自分の身分を知ってしまうのですから。この子は姉を心から愛しています。そして，とてもやさしい心の持ち主です。そのため，どこかへ出かけるとか，なにかをもらうなど，うれしいことがあったときはいつも，それを姉と同じように分かちあいたいと考えます。この子は生まれつき快活です。しかし健康のためには外の空気にふれる必要があります。遠くにつれて行くよりもテラスに出て，地面で遊んだり運動させたりするほうがよいと私は思います。（略）屋外で走ったり遊んだりするほうが健康的なのですから」。

『トゥルゼル公爵夫人の回想録』

4 マリー・アントワネットとフランス革命

政治家ミラボーは,「国王のそばには男がひとりしかいない。それは彼の妻だ」と言った。この言葉は,ほとんど真実を突いていたと言ってよい。ルイ16世とともに,マリー・アントワネットは危機に瀕した王政を支え,自分自身と家族の命を守るため,不屈の精神で闘いに挑んだ。このとき,彼女はかつてないほど,夫と心をひとつにしていたのである。

「民衆は王妃に,バルコニーに姿をあらわすよう求めた」(ヴェルサイユ宮殿,1789年10月6日)

1789年10月の悲劇的な日々のあいだに,フランス王政と王妃の運命は,大きく揺らごうとしていた。

民衆は激しい非難の声をあげながら,国王とその一家に対してパリへ行くよう求めた。国王は自分たちがそれに同意していることを告げた。私たちの耳に入ってくる叫び声と銃声は,パリの群集が示した喜びのしるしだった。そのとき,王妃が居間に姿をあらわした。髪は乱れ,顔は真っ青だったが,毅然として,あらゆる事態を頭のなかで想定しているかのようだった。

民衆は,王妃がバルコニーに出ることを望んでいた。しかし,大理石の中庭と呼ばれる場所に鉄砲を手にした人びとが殺到していたので,王妃の顔には恐怖がありありと浮かんでいた。

だが,それにもかかわらず,王妃は決心したように,自分の盾となる2人の子どもをつれてバルコニーに出た。母としての王妃の姿を見た群集は思わず感動し,彼女に対する政治的な怒りはおさまった。前夜には王妃を虐殺しようと考えていた人びとも,彼女の名前を呼び,たたえはじめたのである。(略)バルコニーからもどった王妃は私の母に近づき,泣き声を押し殺しながらこう言った。

「私にはわかっています。彼らは私たちを,国王とこの私を,槍の先端に突き刺した近衛兵の頭に先導させて,パリへつれていくことでしょう」。

こうして国王と王妃は首都パリにつれていかれた。

スタール夫人
『フランス革命の主な出来事に関する考察』

スペイン大使フェルナン・ヌニェスの報告書には，1789年10月6日の朝にマリー・アントワネットの遭遇した危機が，くわしく書かれている。

「昨日ヴェルサイユ宮殿を訪れたある人物が，王妃が間一髪で逃げだしたあとのベッドを見たと申しておりました。ベッドのうえには，そのとき刃物で切り裂かれたシーツがそのまま置かれており，民衆の激しい怒りの跡をとどめていたということです。彼はそのときの様子を，次のように語っています。脱出するとき，王妃は国王の住居へつづく扉が閉ざされていることに気づきました。国王の住居は，ウイユ・ド・ブフ（控えの間）をはさんで王妃の住居とつながっています。ところが，このウイユ・ド・ブフは広い回廊にもつながっていて，そこから国王の住居へ群衆が入り込んでくる危険性がありました。そのため，扉の向こう側には将校が待機し，開けられないようにしていたのです。扉の反対側で女性が何度も叫ぶのを聞いた将校は，それが王妃であると気づき，ようやく扉を開けました。こうして王妃は，武装した群集が侵入するよりも一瞬早く脱出することができ，だれにも姿を見られることなく国王の住居にたどりつきました。

宮殿内の部屋や階段は，ほとんどが血まみれでした。あちらこちらで激しい乱闘がくりひろげられたからです。スイス近衛兵たちは命令どおり，発砲せずに部屋から部屋へと退却しました。彼らは規律を守ったために，犠牲者となったのです。とうとう回廊のつきあたりまで来て逃げ道がなくなったとき，そこの扉を守っていたパリの義勇兵たちは，スイス近衛兵の多くに自分たちの軍服と帽子を貸して，まだ押し破られていない扉から逃がしました」。

フェルナン・ヌニェスは，1791年6月に，国王一家が逃亡先のヴァレンヌから帰還したときのことを，悲嘆に暮れた様子で記している。

「ルイ16世は，昨日6月25日の夕方6時30分に，ご家族全員とともにパリの市門に姿をあらわされました。窓から狙撃されるのを避けるために，国王一家は大通りを迂回しながら町をひとめぐりしなければなりませんでした。（略）

大勢の国民衛兵が馬車のまわりをしっかりとかこみ，徒歩であとをついてくる民衆の視線から馬車を隠していました。馬車のなかにいたのは，国王と王妃，2人の子どもたち，エリザベート内親王，トゥルゼル夫人，議会から派遣されて出迎えた議員のバルナーヴ，ペティヨン・ド・ヴィルヌーヴでした。同じく議員のラトゥール・モーブール伯爵は，馬に乗っていました。

このような姿で，不幸な国王を乗せた馬車は国民衛兵と群衆のあいだをかきわけるように進みました。群集は，馬車が自分の目のまえを通りすぎるとき以外はつねに，国王に呪いの言葉を浴びせていました。また，彼らの怒りのおもな対象である王妃も同じように罵倒していました。民衆は，それまでのあらゆる災難ばかりか，今回の国王一家の逃亡までも，すべて王妃の責任だと考えていたのです。

馬車が近づくと，怒号に代わって深い沈黙があたりを支配しました。人びとが沈黙したのは，国王一家に対して同情心を抱いたからではなく，自分たちの気もちを言外に匂わせようとしたからでした。すべての人が，国王に敬意を表していないことを示すために，帽子をかぶったまま立っていました。そして国王のまえでは帽子を脱ぐことが義務だと考えていた人や，習慣的に帽子を脱いだ人もみな，強制的に帽子をかぶらされたのです。軍隊も，国王に敬意を表していないことを示すために，鉄砲を地面におろしたまま国王一家を乗せた馬車が通過するのを見送りました。しかしそのあとに，国王の逃亡を阻止したサント・ムヌーの宿駅長と彼の同僚，そして国王の馬車を進ませないように銃で狙った２人の兵士がやってくると，軍隊は鉄砲を肩にかけ，太鼓を打ち鳴らして歓迎したのです。(略)

行列はルイ15世の立像のまえで，５分以上止まりました。この立像がある広場を，かつて栄光のただなかにいた国王夫妻は，人びとの熱烈な歓声を浴びながら何度も通ったものでした。ここに集まっている民衆も，夫妻が結婚したときや王太子が誕生したときには，２人をたたえる義務があると考えていたのです。それが今，このようなつらい立場に置かれた国王夫妻の脳裏には，どのような思いが去来したことでしょう。かつてはお２人よりもうらやましい境遇など，考えることもできませんでした。私はこのおぞましい光景を見て身震いし，無意識のうちに涙を流していました。

状況はますます悪化し，国王と王妃は苦杯を徹底的に味わいつくさなければなりませんでした。というのは，国王一家を乗せた馬車を先導していた軍隊が，橋を渡るにあたり，縦隊を編成しなおすために，チュイルリー宮殿まであと一歩というところでふたたび停止したのです。このとき国王夫妻は，過去のさまざまな出来事を振りかえり，悲しみをいっそう強くされたにちがいありません。

７時45分にようやく馬車は橋をわたり，宮殿に到着しました。しかし４日間にわたる旅を終えた国王一家は，喜びを感じる間もなく，また新たな障害にぶつかることになりました。集まった群衆のために，地面に足をおろしても，なかなかまえに進むことができなかったのです。道をあけさせるためにラ・ファイエット将軍や議員たちは，威嚇的な行為も辞さないという毅然とした態度を示さなければなりませんでした。このような事態に陥ったのは，自由を奪われた3人の近衛兵たちに群衆が飛びかかろうとしたからでした。また，王妃の身に不敬なことをしでかそうとする人間もいると，私は聞かされました。しかし王妃は危害を加えられることなく，幸いにも全員が無事に宮殿へ到着されました。宮殿にはもはや宮廷は存在せず，大臣もおらず，ただ議会の代表団がいるだけで，彼らはその朝に出された命令を国王陛下に向かって読みあげたのです。(略)その命令によると，国王とその家族全員の身柄に対して責任をもつのはラ・ファイエット将軍ただひとりであるとされていました。そこでラ・ファイエット将軍は，国王一家の全員にそれぞれひとりずつ別の衛兵をつけ，必要と思われるだけのあらゆる予防策を講じました。とはいえ，ご家族のあいだで連絡をとりあうことは禁止しませんでしたし，たえず奴隷のように束縛することもありませんでした。

国王はいつもどおりにふるまわれ，ご自分の住居に入るなり，忠実な議員のひとりに向かって，大臣たちに会いたいとおっしゃいました。(略)

王妃は国王よりも動揺なさっていましたが，威厳を失うようなことはありませんでした。とはいえ，威厳を保とうとする努力によって，かえって心のなかの苦しみが怒りという形でおもてにあらわれていました。しかし彼女は自分をしっかり抑え，快活な調子で議員のバルナーヴにこうおっしゃいました。「正直に申しあげて，馬車のなかでご一緒に13時間もすごすとは考えておりませんでした」。

フロリダブランカのフェルナン・ヌニェス

前掲書

1792年8月10日，ルイ16世は議会に避難することを決意する。

会議室に入ると(略)，国王，王妃，ご家族たちが机のそばに立っていた。レドレール（憲法制定議会議員）がご一家に，議会へ行くよう説得していた。部屋には大勢の女官や侍女たちもいた。国王は出かける決心をなさり，ご家族がそのあとについていった。どうやら彼らは，すぐにもどってこられると信じていたらしい。というのも，何人かの婦人たちが自分たちのやるべきことをたずねたとき，王妃は「またもどってきますよ」と答えていたからである。

そのとき私は，次のことを人づてに聞いた。人びとが廃位を望んでいることを知った国王は，自分からそのような宣言はできないが，議会が法令として発布するならば同意するつもりだと言ったという。そしてみずから委員たちの面会を求めるために，議会へ行くつもりだと断言したという。私が会議室で聞いた話は以上である。

国王は8時30分頃，非常に苦しい思いを抱かれたまま住居を出られた。大勢の人びとが，国王と同時に扉を通り，そのあとをついていくために彼を急きたてた。(略)

スイス近衛兵隊の隊長バッハマン氏が，

兵士たちのつくる２列の人垣のあいだを最初に歩いていった。そのあとにポワ氏がつづき，少し離れて国王が，そのうしろに王太子の手を引いた王妃がついていった。エリザベート内親王はマリー・テレーズ王女の腕をとって歩いた。そのうしろにランバル公爵夫人とトゥルゼル夫人がつきしたがい，彼女たちのまわりを大臣たち，県や市の議会のメンバー，国王に忠誠を誓っている何人かの人びと，すなわちモンモラン氏，ブレゼ氏，エルヴィイー氏，トゥルゼル氏，ナントゥイエ氏，フルリユ氏，ロシュドラゴン氏，シャルル・ド・シャボ氏，そして私がとりかこんだ。庭園で私がランバル夫人に手をさしのべると，夫人は私の手をつかんだ。彼女は，一行のなかでもっとも気落ちして恐怖にとらわれているように見えた。

国王はきわめて平然とした態度で，まっすぐお歩きになった。しかし，顔には不幸の色がありありと浮かびあがっていた。王妃はすっかり泣きぬれていたが，ときどき涙をぬぐっては，しばしのあいだ晴れやかな表情をしようとなさった。とはいえ，私の腕に一瞬もたれたとき，王妃がぶるぶると震えているのが感じられた。王太子は，それほどおびえているようには見えなかった。エリザベート内親王は，一番落ちついていた。彼女はすべてをうけ入れていたのである。彼女を支えていたのは信仰だった。狂暴な民衆を見ながら，内親王は次のように言った。「ここにいる人びとは血迷っています。私は彼らが罰をうけるのではなく，改心することを望んでおります」。(略)

マリー・テレーズ王女は，しきりに泣きじゃくっていた。ランバル夫人は私に言った。「私たちは，もう二度と宮殿にはもどれないでしょう」。なんという恐ろしい予感だったことだろう！

国王のお供をしていたスイス近衛兵の分

1792年8月10日，国民議会に臨む国王一家

遣隊は，200人の兵士で構成されていた。国民衛兵の300人の擲弾《てきだん》兵が，私たちのまわりにすきまなく集まって二重の人垣をつくっていた。

フイヤンクラブのテラスにいた民衆，ならず者，サン・キュロットたちは，国王がチュイルリー宮殿を出ていくのを見ると，テラス沿いにフイヤンクラブの通路の階段へ向かって歩きだした。彼らは群れをなして押し寄せたので，その場所を通りぬけることができなくなり，国王は階段の下で立ち止まった。激昂した人びとは国王を罵倒し，テラスの上から槍でおどした。私は自分の目のまえで，ご家族に囲まれた国王が虐殺されるのではないかと，気が気ではなかった。約10分間，私たちは立ち往生した。結局，レドレールともうひとりの人物が話し合いをして彼らを説得し，国王とご家族が議会に入る許可をとりつけた。国王は，階段の下で待っているよう一行に命じた。(略)

依然として国王と王妃のあとにしたがっていた私は，エリザベート内親王とランバル夫人を議場へおつれし，柵のほうに座っていただいた。そのとき私は，国王がしっかりとした口調で，フランス人がこれ以上罪を犯さないようにするため，家族とともに議会に来たとおっしゃるのを聞いたのである。

フランソワ・ド・ラ・ロシュフコー
『1792年8月10日とブルボン軍の回想録』

「拒否権夫人」

1789年以降，マリー・アントワネットを題材とした諷刺文書の内容は激しさの度を増した。のちに革命裁判所の裁判官たちは，これらの汚れた文書をもとに，王妃に対する告発書類を作成することとなる。

拒否権氏〔ルイ16世のこと〕の妻はオーストリアのウィーンで，女帝マリア・テレジアの衣装部屋のなかから見つかった怪物である。帝位についたこの雌猿は，おそらく自然に反する欲望を抱いていた。この女は，思うに虎か熊と交尾して，「マリー・アントワネット」を生み落とした。

33歳のこの怪物は，耐えがたい思い出に満ちた近親相姦者ルイ15世の時代に，フランスにつれてこられた。母国でも欺瞞が蔓延していたのと同じように，この女は王位についた人間特有の愚かさを発揮して，当然のごとく裏切り行為を行なった。最初この女は天使のようにやさしい姿を民衆のまえで披露し，人びとはこの女に対して「王妃ばんざい！」と叫び声をあげた。しかし，やがて少し媚態を示せば愚か者たちの友情を確認することができるとわかったとき，この女は仮面を脱いで本性をあらわしたのである。

政治的能力に欠けていたシラクサの僭主ディオニュシオスのように，錠前や差し錠ばかりつくっていた無作法な男と政略結婚

人権宣言を引き裂く怪物の姿で表現された
マリー・アントワネットの諷刺画

させられたこの女は，やがてあらゆる人間の金を使ってひまをつぶす方法を考えだした。(略)

しかし拒否権氏は，たえず室内用便器のようにつまはじきにされていた。また，人びとの耳に入ってくるうわさといえば，アルトアとポリニャック女，ヴォドルイユと近衛兵，国王とスイス近衛兵，枢機卿とカリオストロ，首飾りと毒物で死んだ哀れなオリヴァの話ばかりだった。このようなオーストリア女の残酷な行為と犯罪を，天はお許しにならなかった。なぜならこの女は，天と国家を嘲笑したからである。民衆は立ちあがり，オーストリアの妖婦は子ども(それは王太子だった) を腕に抱いて，自分に鉄鎖をはめようとしている人びとの手から逃げだした。しかしヴェルサイユの豚小屋は，パリに移送された。(略)

また拒否権氏の妻は，ラ・ファイエットという名の畜生とともに，国境への小旅行をたくらんだ。この無節操な男は，コルフ男爵夫人になりすましたオーストリア女と，この女の召使に変装したフランス国王ルイ16世を見逃した。さかりがついた男がほかにいたため，国王は馬車のうしろに乗せられたと思われる。(略) ところが一味は捕まり，パリにつれもどされた。パリではよりいっそう大きな陰謀がくわだてられている。オーストリアのマリー・アントワネットは，自由フランスの平和を乱してどれほど楽しんでいることだろう。

最近ひとりの売春婦が，ある市民を侮辱したという理由で有罪となり，6カ月間病院に収容されることとなった。(略) もしマリー・アントワネットがその罪にふさわしく裁かれるならば，この女はパリの婦女子感化院の仲間入りをすることだろう。

拒否権氏の妻は図体が大きく，醜く，しわくちゃで，衰弱し，色あせて，忌まわしく，おぞましい。しかし，国家がうかつにも暴君を養ってしまうように，この女はフランス人をひとりずつ苦しめることを期待しながらフランスの金を食っている。

ところで，ルイ16世はいったい愛国心をどのようなものだと考えているのだろうか。

答えよ，マリー・アントワネット。おまえは夫の心にどのような影響をおよぼしたのか。おまえは夫をいらだたせ，夫の頭を巧みに麻痺させた。人びとは陛下に話しかけることができなかった。なぜなら「陛下は酔っていらっしゃったから」。人びとは陛下に話しかけることができなかった。なぜなら「陛下は錠前をつくっていらっしゃったから」。人びとは陛下に話しかけることができなかった。なぜなら「陛下は狩りをなさっていたから」（略）。

非道な母親であるおまえは，息子を死の床に置き去りにした！　ああ！　おまえはよく知っているはずだ。だれが彼を墓のなかに投げ入れたかということを！　彼が最後に発した言葉は，おまえを告発している。彼は養育係に，「ぼくの髪を一束，お母さまのところへもっていってちょうだい。お母さまが，ぼくのことを思い出してくださるように……」と言った。答えよ，実の子を虐待する母親！。（略）彼は死んだ。恥を知らない妻であるおまえは，おぞましい快楽に身を任せている。もっとも軽蔑すべき遊び女となるために生まれてきたおまえには，破廉恥という名の王座しかふさわしくない。母親とは名ばかり。遠慮など，うわべさえも見られない。誠実さも，まったくない。貞節にいたっては，これっぽっちも実践したことがない。

どこから見ても怪物であるおまえの姿を目にするとき，いつでも私たちは身震いせずにはいられない。おまえのことを考えるとき，いつでも私たちは聖書に登場する邪悪な女イゼベルを思い浮かべずにはいられない。おまえをいけにえとするために，イゼベルを殺したイエフのような人間は存在しない。（略）しかし，おまえの死体を食う犬はいる。彼らはおまえを待っている。

尊大なおまえも，ときには才知にたけたギリシア神話の女王セミラミスをまねようとする。なるほど，おまえはまだ夫を殺していない。しかし，ヴェルサイユ宮殿でのあの一日，そしてモンメディへ向けて出発したあの日に，おまえがしようとしたことは夫を殺すことと同じではなかったか。おまえはコルフ男爵夫人と名乗り，国王はおまえの召使となったあの日のことだ！（略）

おまえは国民衛兵を愛想よく迎えているが，本心では彼らの血を流して喜びたいと思っているのではないか。

おまえは夫を破滅させた。おまえは彼からフランス人の心を奪った。おまえは自分の傲慢さのために，おまえのアルトアのために夫を犠牲にしたのだ！　何千もの陰謀が，おまえの目のまえでくわだてられている。それらはすべて，おまえがたくらんでいるものだ！　アントワネット！（略）

ルイ……，まだ時間はある。おまえは国民の尊敬を，そしてフランス人の愛情さえもとりもどすことができる。それを確実に成功させるための方法は，ひとつしかない。おまえをだました人間全員のリストを渡すことだ！　そして，おまえのルーヴル宮殿を悪人たちにあけわたすのだ。やがて彼らは人びとによって，そこから追いだされるだろう！　そうすれば，おまえは幸せになれる。すべてがうまくいくはずだ。しかし，後もどりしてはならない。さもなくば，おまえはすべてを失うことになる。

F.ダンタル

『愛国者たちの印刷所から』

5 マリー・アントワネットの裁判と処刑

ルイ16世は，国家の裁判所を自任していた国民公会で，正当な裁判をうけることができた。しかしマリー・アントワネットの裁判は，きわめて不公平な，形だけのものだった。ルイ16世の処刑後，ブルボン家の祖先の名をとって「カペー未亡人」と呼ばれるようになったかつてのフランス王妃の運命は，裁判が開かれるまえからすでに決められていたのである。

マリー・アントワネットへの秘密尋問，1793年10月12日

革命裁判所の裁判長エルマンの質問は，尋問というよりも，むしろ非難の連続だった。

質問：あなたは革命前に，ボヘミアおよびハンガリーの国王と政治的な関係をもっていました。その関係は，あなたの所属するフランスの利益に反していませんでしたか。

答え：ボヘミアおよびハンガリーの国王は私の兄でした。私は兄と愛情面での関係しかもっていませんでした。その関係は少しも政治的なものではありません。もし政治的な関係があったとすれば，その関係はフランスの国益に属するものでしかありません。

質問：あなたは自分の快楽や陰謀のために，民衆の汗の結晶であるフランスの財源を浪費するだけでは満足せず，卑劣な大臣たちと結託して，オーストリア皇帝に多額の金銭を送りませんでしたか。

答え：とんでもありません。私は，私を攻撃するためにしばしばそのような中傷がなされてきたことを知っています。しかし私は心から夫を愛していたので，自国の金銭を浪費することなどできるはずがありませんでした。また，私の兄はフランスの金銭を必要としていませんでした。そのうえ，私にはフランスと結びついているという原則があるのですから，兄に金銭を送るなど

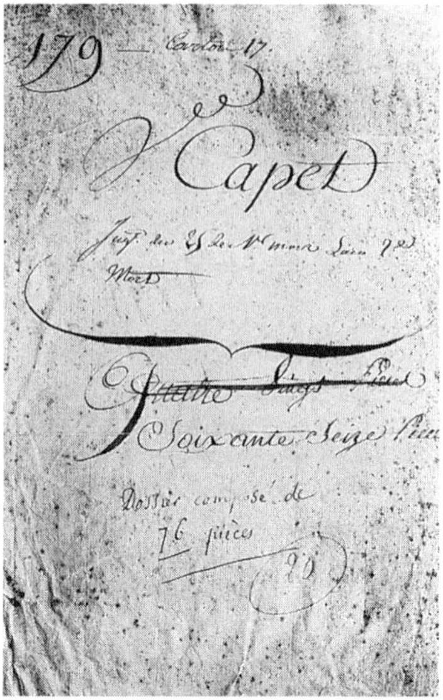
179 — Carton 17

Capet

Soixante seize Pièces

Dossier composé de

76 pièces

革命裁判所におけるカペー未亡人（マリー・アントワネット）の書類

という行為におよぶはずがありません。

質問：革命以来，外国の列強との関係においても国内においても，あなたは自由を求める民衆に抵抗する策を弄することを，一瞬たりともやめようとはしませんでした。強く自由を望んでいるフランスの民衆が，見せかけの自由しか手にしていなかったときでさえ，あなたはそのようにふるまったのではないですか。

答え：革命以来，私はみずから外国との連絡をいっさい断ってきました。また，私は一度も，国内問題に干渉したことはありません。

質問：外国の列強，とりわけ兄上と連絡をとりあうために，あなたはスパイを使いましたね。そのおもな人物は，ドレセールではないですか。

答え：けっしてそのようなことはありません。

質問：私たちには，あなたの答えが正しいものだとはとても思えません。なぜなら，旧チュイルリー宮殿ではあなた自身が夜，秘密会議を開いていたことはまちがいのない事実だからです。その会議において，外国の列強とのあいだで，憲法制定会議や立法議会に対する回答が次々と検討され，討議され，決定されたのではありませんか。

答え：さきほどの答えは，このうえなく正しいものです。秘密会議が存在したというううわさが広められたのは，民衆をあざむき，民衆の注意をそらすためなのです。私は秘密会議のことなど全然知りません。なぜなら，そのようなものはまったく存在しなかったからです。（略）

質問：しかし1791年11月，ルイ・カペー（ルイ16世）は彼の兄弟たち，亡命者たち，新憲法に宣誓することを拒否した狂信的な司祭たちに関する政令を，裁可するか拒否権を行使するかという選択に迫られました。そのとき，当時の法務大臣デュラントンが激しく抗議したにもかかわらず，あなたはルイ・カペーに拒否権を行使するように仕むけました。彼があのとき政令を裁可すれば，その後フランスが体験した不幸を回避することができたかもしれません。この助言と悪事の相談にあなたが関与したことは，あきらかではありませんか。

答え：11月の時点で，デュラントンは大臣ではありませんでした。そのうえ，夫は義務を遂行するために自分を急《せ》きたてる人間など，必要とはしていませんでした。私はまったく夫の助言者などではありませんでした。そのような状況のなかで，この種の事柄が処理されて決定されたのです。

質問：ルイ・カペーに，これほどまでひどい欺瞞の術を教えたのはあなたです。この術によって，彼は長いあいだ，よもやこのようにはなはだしい悪行と裏切り行為が行なわれるとは夢にも思わなかった善良なフランスの民衆を，あざむきつづけてきたのではないですか。

答え：そうです，民衆はあざむかれていました。まったくひどいだまされかたをしていたのです。しかし，それは夫のせいではなく，私のせいでもありません。

質問：それでは，民衆はだれにあざむかれていたのですか。

答え：そのことに関心を抱いていた人たちによってです。民衆をあざむいたのは，私たちではありません。

質問：では，あなたがたの考えによると，民衆をあざむくことに関心があったのはだれですか。

答え：私には，私たちの関心事しかわかりません。私たちの関心事は民衆を啓蒙することで，彼らをあざむくことではありません。

質問：あなたは，質問に対してはっきりと答えていませんね。

答え：もし私がそういう人の名前を知っているのでしたら，はっきりとお答えします。

質問：あなたは，ルイ・カペーの裏切りを画策した首謀者でした。あなたが助言し，そしておそらくあなたが責めたてたことによって，彼はフランスから逃亡し，祖国を分裂させようとしていた狂暴な連中の先頭に立とうとしたのではないですか。

答え：私の夫がフランスから逃亡したいと考えたことは，一度もありませんでした。私はいつも夫のあとにしたがっていました。もし夫が自分の国から出たいと望んだなら，私はあらゆる手をつくして思いとどまらせたでしょう。でも，夫は国を出ることを望まなかったのです。

質問：それでは，例のヴァレンヌへの旅行の目的はなんだったのですか。

答え：人びとの目にさらされているこの場所では得ることのできない自由を手に入れ，そのうえで，フランスの幸福と平穏を確保するためにあらゆる党派を和解させることが目的でした。

質問：では，なぜあなたはロシア人の男爵夫人の名を使って旅行をしたのですか。

答え：名前を変えなければパリを出ることができなかったからです。(略)

質問：あなたは，民衆の自由を破壊したいという考えを今まで一度たりとも捨てることがありませんでした。どのような犠牲を払ってでも，あなたは統治者として君臨することを望み，愛国者たちのしかばねを踏み越えて，ふたたび王座にのぼろうとしたのではありませんか。

答え：私たちは，ふたたび王座にのぼる必要はありませんでした。なぜならすでにそこにいたのですから。私たちはフランスの幸福しか望んでいませんでした。フランスが幸福であれば，私たちもつねに満足できたでしょう。

質問：もしあなたがそのように考えていたのなら，あなたは兄上とプロイセン国王ギヨームのあいだで結ばれたピルニッツ条約を破棄させるために，兄上に対してあきらかな影響力を行使することができたでしょう。その条約は，フランス人が望んでいる自由を根絶するために外国の列強を連合させることが目的でした。フランス人は，この同盟と裏切り行為を知らされたのではないですか。

答え：私がその条約を知ったのは，条約が締結されて長いあいだ効力を保ったあとのことでした。また注意していただきたいのですが，外国の列強が最初にフランスを攻撃したのではありません。

質問：たしかに，宣戦布告したのは外国の列強ではありません。しかし――その張本人はやがて正当な罰をうけることになるでしょうが――自由を侵害する過激な党派の陰謀がなかったら，宣戦布告がなされなかったことは，あなただってご存じのはずではないですか。

答え：だれのことを言っているのか，私にはわかりません。しかし，立法議会が宣戦布告の要請をくりかえし，閣議で全員が同意したあとで夫がそれを許可したことは知っています。

質問：あなたは，フランスから脱出した元王家の人びとや亡命者たちと共謀していました。国家の安全に対して，あなたは彼らとともに陰謀をくわだてたのではないですか。

答え：国外にいるフランス人のだれかとなにかの陰謀をくわだてたことなど，一度もありません。弟たちには，ちょっとした内容の手紙を１，２通書いたかもしれませんが，はっきりとはわかりません。手紙を書くことはたいてい拒否したという覚えがあるものですから。

質問：1789年10月４日に，あなたは近衛隊とフランドル連隊の大饗宴が行なわれた10月１日が，すばらしい日だったと言っています。その注目すべき大饗宴において，兵士たちは酔って心情を吐露しました。彼らは国王に忠誠を誓い，民衆を嫌悪する言葉を口にしたばかりか，国家の記章を踏みにじり，王家の白い記章をこれみよがしに身につけたのではありませんか。

答え：そのようなことを申しあげた覚えはありません。しかし，この祝典を活気づけるような思いやりのある言葉を耳にしたので，それに対して感動したというようなことを，もしかしたら口にしたかもしれません。そのほかの質問に関してですが，近衛兵たちは酔っていなくても，日常奉仕している人間に対する忠誠と愛着を示すことができます。また記章の件については，そのようなことがあったとしても，それは数人のあやまちでしかなかったはずです。ほとんどの近衛兵たちはそのことについて知りませんでしたし，知っていればすぐに制止したことでしょう。(略)

質問：共和国の軍隊に対して，あなたはどのような関心をもっていますか。

答え：フランスの幸福こそ，私がなによりもまず望んでいることです。

質問：民衆の幸福のためには，国王が必要だと考えますか。

答え：そのようなことを，一個人が決めることはできません。

質問：ようやく自分たちの権利に気がついた民衆によって玉座が打ち砕かれなければ，あなたの息子はそのうえにのぼることができました。息子が玉座を失ったことを，あなたは残念に思っているのではないですか。

答え：息子の国が幸福であるならば，私は息子のことでなにも残念には思わないでしょう。

質問：8月10日のことを，あなたはどのように考えていますか。あの日，スイス近衛兵は宮殿のあるじの命令によって，民衆に発砲したのでしたね。

答え：発砲がはじまったとき，私は宮殿のそとにいました。どのようにしてそれが起こったのか，私にはわかりません。ただ，発砲命令がけっして出されなかったことだけは知っています。

質問：タンプル塔に滞在していたとき，あなたは政治問題に関する情報を正確にあたえられませんでしたか。また，あなたは自分のそばで勤務していた市の役人たちや，彼らがあなたの住居に案内した複数の人物の仲介や便宜によって，共和国の敵と連絡をとりつづけていたのではないですか。

答え：そこに閉じこめられていた14ヵ月間，私はいかなる政治的な情報も知識もあたえられませんでした。また，だれかと連絡をとりあうということもしませんでした。だいいち，そのようなことはできなかったのです。10月のはじめ頃，私たちはペンばかりでなく紙や鉛筆もとりあげられました。私はけっして市の役人に話しかけたりしませんでした。無駄だと思っていたからです。またタンプル塔で，役人以外の人間を見たことなど，一度もありません。

ジェラール・ヴァルテル編

『革命裁判所記録集』

このうえない恥辱

「オーストリア女」に決定的な汚名を着せるために，検事フーキエ・タンヴィルは，幼いルイ17世の存在を利用して，母親に関するおぞましいエピソードを捏造した。ルイ17世の教育係だった靴屋のシモンは，この少年が自慰行為をしているところを目撃し，だれがこのようにふしだらな習慣を身につけさせたのかを問いただした。そして10月６日，委員たちによってルイ17世に対する正式な尋問が行なわれた。

さらに彼（ルイ17世）は，ルピートル，ブリュニオ，トゥーラン，ヴァンサンの４人が，タンプル塔の住居で勤務をしているあいだ，前述の女性たち（マリー・アントワネットとエリザベート内親王）に近づいて会話を交わす習慣があったと述べた。そのうえ彼は，健康に害をあたえるみだらな行為をベッドのうえで行なっていたところを，コミューン（パリの革命的自治団体）から彼の監視を任されていたシモンとその妻に何度も目撃されたと言っている。彼が告白したところによると，これらの悪癖は母と叔母から教わったもので，彼女たちはしばしば彼にそのような行為をくりかえさせてはそれを見て喜んだが，そうした出来事はとりわけ彼女たちが自分たちのあいだに彼を寝かせたときに行なわれたという。

少年の説明から私たちが理解したことは，あるとき彼の母が息子を自分に引き寄せて，その結果，性的関係をもつにいたったということである。すでに女市民シモンが述べたように，少年の睾丸のひとつは腫れて包帯が巻かれているが，そのような事態になったのも，このような出来事があったからである。彼の母は息子に対して，このことをけっして口外しないようにと忠告し，以来この行為は何度もくりかえされた。さらに彼は，モワル，ルブーフ，ブーニョー，ミショニー，ジョベールの５人が，ほかの人たちよりも親しく母親や叔母と話をしていたとつけ加えた。またペティヨン，マニュエル，バイイ，ラ・ファイエットは，チュイルリー宮殿で彼女たちに対して非常に秘密めいたふるまいをしていたという。彼は，監禁されて以来，母と叔母がこの４人やタンプル塔の役人たちと直接連絡をとりあっていることを信じていた。そして，彼らが話し合いをしているあいだ，彼は遠ざけられていたという。彼は私たちに，これ以上知らせることはなにもないと述べた。市民シモンと彼の妻は，これらの事実をこの少年の口から聞いたと私たちに明言した。少年はそれらの事実を何度もくりかえし，それらを私たちに知らせて正式な申し立てとするために，彼らをしばしば急《せ》きたてたという。申し立てが受理されたあと，その書類には私たちが署名し，さらにコミューンの検事代理である市民エベールの署名が添えられた。パリでは，タンプル塔において，そのうえに年月日がつけ加えられた。

署名　ルイ・シャルル・カペー

マリー・アントワネットの処刑

マリー・アントワネットの処刑にまつわる記述は数多く存在する。だが，次に紹介するシャルル・デフォセ子爵による記述は，明確で簡潔でありながらも感動を誘う傑作といえるだろう。

（処刑の日，コンシエルジュリーを出て，荷馬車に乗るところの記述）

鉄格子が開き，青ざめてはいるがあいかわらず威厳に満ちた王妃が姿をあらわした。そのあとから，死刑執行人のサンソンが歩いてきた。彼は王妃のひじをうしろへ引いている太い綱の端を手にしていた。荷馬車の踏み台のまえにかけられた４，５段の小さなはしごをのぼるために，王妃は数歩まえに進みでた。助手をしたがえたサンソンは，足をかける場所を王妃に教え，彼女を手で支えようとした。王妃は――そう，それはまさしく王妃だった――ベンチをまたいで馬の正面に座るため，ゆっくりと身体の向きを変えた。しかしふたりの死刑執行人は，それとは反対側に座らなければならないと彼女に指示した。そのあいだに，司祭が馬車に乗った。準備が完了するまで，かなりの時間がかかった。

死刑執行人は，王妃の手を縛っている綱がゆるんでも，まったく気に留めていなかった（その事実は，私の目をひきつけた）。彼は王妃のうしろへ行き，荷馬車の横木にもたれかかった。助手は奥のほうにいた。ふたりとも立ったまま，手には三角帽をもっていた。中庭を出た馬車は，群集をかきわけながらゆっくりと動いた。その様子を，人びとは叫びもせず，不平の声も出さず，ののしりの言葉も発せずに見守った。民衆が騒ぎだしたのは，馬車がだいぶ進んでサン・トノレ通りにさしかかったときのことだった。司祭はほとんど話をしなかった。というよりは，まったく口を開かなかった。

（略）そのあいだずっと荷馬車を護衛していたグラモンは（彼はかつて王妃の庇護をうけた喜劇俳優である），ふりあげた剣を四方八方にふりかざし，あぶみのうえで姿勢を正しながら，なにかを大声で叫んだ。それから王妃の乗った荷馬車のほうを向き，冒瀆の言葉を吐いた。「諸君，ここにいるのは，あの忌まわしいアントワネットだ。汚らわしい女さ」。酔ったような怒号が飛び交った。私は友人ととりきめた合図を見て，人ごみのなかにもどった。王妃を救うことは，すっかりあきらめなければならなかった。

シャルル・デフォセ子爵の物語
アンリ・ワロン『パリの革命裁判所物語』所収

6 フェルセン伯爵との恋

マリー・アントワネットが処刑されたことは，やがてヨーロッパじゅうに知れわたり，各国の宮廷は喪に服した。しかし実際のところ，彼女の悲劇的な死は，人びとにほとんど動揺をもたらさなかった。マリー・アントワネットの死を心から嘆いたのは，スウェーデン貴族のフェルセン伯爵ただひとりだった。

晩年のフェルセン伯爵

1793年10月20日：

「覚悟はしていたし，コンシエルジュリーに移されてからは予期してもいたが，この現実は私を打ちひしいだ。私はなにも感じることができない。(略)私はいつでもあの方のことを考えていた。あの方がどれほど恐ろしい状況で苦しまれたかということを。そしてあの方が，私の愛情や関心に関して疑いを抱いたかもしれないということを。そのように考えると，私の胸は引き裂かれんばかりになる。私はすべてを失った。感情，関心，存在といったすべてのものがあの方と結びついており，そのすべてが失われてしまったのだ」。

10月21日：

「私は，亡くなったあの方のことしか考えられない。最後の瞬間に，あの方はなぐさめてくれる人もなく，話しかけてくれる人もなく，遺言を託す人もなく，ひとりきりだったのだ。なんと恐ろしいことか。極悪非道の人間たちよ！　復讐なくして私の心が満足することは，けっしてないだろう」。

同じ日に，彼は悲しみに沈んだ手紙を妹に書き送っている。

「私はあの方のために生きてきた。なぜなら，私はあの方をずっと愛しつづけてきたからだ。私があれほど愛した女性，その方のためなら何千回もの人生をささげたであろう女性，その方が，今はもういないのだ。

ああ！　神よ！　なぜ私をこれほどまでに苦しめるのですか。あなたの怒りに触れるようなことを，私がしたのでしょうか。どうして私がいまだに生きているのか，自分にもわかりません。どのようにして，この苦しみに耐えているのかもわかりません。この苦しみはあまりにもひどく，なにがあっても消えることはないでしょう。私は永遠にあの方を思い出し，いつまでも涙を流すことでしょう」。

さらにフェルセンは，きわめて簡潔にではあるが，悲痛に満ちた後悔の気もちを日記に何度も書きつづっている。

10月24日：
「あの方の姿，あの方の苦しみ，あの方の死。それらをめぐる感情が頭から離れない。そのほかのことを，考えることができないのだ」。

10月26日：
「私は毎日そのことを考え，悲しみは日ごとに増していく。私は毎日，自分がすべてを失ったということを，よりいっそう強く感じている」。

11月5日：
「ああ，どれほど私はあの方に対する自分のあやまちを責めたことか。今になってようやく，どれほどあの方を愛していたかということに気づくとは。私の心のなかで，エレオノーラ（当時の愛人）はあの方の代わりにはならない」。

フェルセンの悲しみは，時がたっても和らぐことはなかった。それどころか，王妃の死から1年後，彼の苦しみはよりいっそう強くなったのである。

「その日は私にとって，忘れがたく恐ろしい日です。なぜなら，世界で最も私を愛してくれた女性，私を本当に愛してくれた女性を，その日に失ったからです」。

ハンス・アクセル・フォン・フェルセン伯爵『文書選集』より

こののち彼は多くの女性と関係をもったが，生涯マリー・アントワネットの思い出を忘れることはなかった。祖国にもどって栄達の道を歩み，スウェーデン王国の大元帥となったフェルセンは，しかしスウェーデン王太子の葬儀に参列したとき，首都ストックホルムで民衆によって虐殺される。人びとは彼が王太子を毒殺したと疑ったのだった。それは1810年6月20日の出来事だった。6月20日とは，まさにあのヴァレンヌへの逃亡の日，ボンディの森でマリー・アントワネットと別れ，その後彼女が永遠にとらわれの身となった運命の日である！　フェルセンの死から数ヵ月後，裁判所は彼の無罪を言い渡し，盛大な葬儀が行なわれた。

マリー・アントワネット関連年表

年	事項
1755	11月2日，マリア・テレジアの15人目の子どもとしてオーストリアに誕生
1764	フランス王太子ルイ・オーギュストの結婚相手の候補となるが，フランス側の対応は慎重
1769	フランスからようやく，王太子妃教育係が派遣される。6月，正式な結婚の申し込みをうける。
1770	5月，フランス王太子ルイ・オーギュストと，ヴェルサイユ宮殿で盛大な結婚式
1773	6月，王太子とともにパリを訪問。民衆の大歓迎をうける
1774	ルイ15世死去。ルイ16世即位 離宮プチ・トリアノンを手に入れる
1775	ポリニャック夫人と親しくなる
1777	兄ヨーゼフ2世がヴェルサイユを訪問
1778	第一王女マリー・テレーズ誕生 フェルセンと親しくつきあうようになる
1780	プチ・トリアノンに小さな劇場をつくり，自ら舞台に立つ
1781	第一王子誕生
1783	アメリカ独立戦争に参加していたフェルセンが帰国
1785	第二王子（のちのルイ17世）誕生 首飾り事件が発覚
1786	第二王女誕生（数カ月で死去） 首飾り事件の判決が出る
1787	プチ・トリアノンの庭園を拡張した「村落（アモー）」が完成 凶作により，社会不安が高まる 財務総監の人事に関わるなど，国王に対し，政治的な助言を行なうようになる
1788	全国三部会の招集が決定
1789	5月，三部会開催

	6月，第一王子死去。第3身分（平民）の議員たちが国民議会を名乗る。国王は国民議会を表向き承認するも，パリの周囲に軍隊を呼び寄せ，民衆を威嚇 7月，バスティーユ監獄襲撃 8月，人権宣言が採択される 10月，パリの市民が「パンを求めて」ヴェルサイユに行進。国王一家はパリへ移ることを余儀なくされ，チュイルリー宮殿が新たな住まいとなる。フェルセンが国王一家の最も身近な助言者となる
1790	7月，立憲王政を模索していたミラボーと，王妃が密かに会見
1791	4月，ミラボー死去。国王夫妻は，フェルセンのパリ脱出案に傾斜していく 6月，一家でパリを脱出するも，ヴァレンヌで発見され，連れ戻される 7月，シャン・ド・マルスの虐殺 9月，国王の宣言によって「91年憲法」が成立
1792	4月，フランスがオーストリアへ宣戦布告。王妃は，フランス軍の情報をオーストリアに通報 6月，国王によるあいつぐ拒否権の発動に怒った民衆が，チュイルリー宮殿を襲撃・占拠 8月，民衆と連盟兵がチュイルリーへ進撃。国王一家は議会へ避難する。ついに王権が停止され，国王一家をタンプル塔に投獄することが決定される
1793	1月21日，ルイ16世処刑 7月3日，最愛の息子ルイ17世と引き離される 8月2日，重罪犯を収容するコンシエルジュリーに移される 10月12日，革命裁判所に出頭 10月15日，死刑判決を受ける 10月16日，処刑

INDEX

あ▼

アメリカ 72・123
アモー（村落） 58
愛の神殿 50・52
アルトア伯爵 25・57・127・139・140
イギリス 19・35・68・70
イギリス式庭園 50・51
ヴァレンヌ逃亡事件 86・90・92・108・134・135・143・149
ヴィジェ・ルブラン 45・49
ウイユ・ド・ブフ 134
ウィーン 3・16・21・22・138
ヴェルサイユ宮殿 3・15・19・20・22・25・37・40・41・45・46・48・50・51・54〜56・58・63・65・67・68・72・75・79〜82・121・122・124・125・130・133・134・139・140
ヴェリ神父 124・125
ヴェルモン神父 20・23
エギュイヨン公爵 62・63
エステルハージ伯爵 126
エリザベート内親王 54・86・87・94〜97・101・106・115・134・137・138・146
エルマン 108・114・141
王政復古時代 2・113・115
王太子→ルイ・オーギュストを見よ
王太子（のちのルイ17世） 41・80・83〜85・94・101・105・107・127・131・132・137・139
王党派 98・99・102・106・115
オーストリア 5・15・16・18〜21・23・25〜27・35・38・40・61・62・64・70・82・83・87・91・93〜95・126・138・139・141
「オーストリア女」 25・27・79・107・108・109・139・145
オリヴァ嬢 66・67・70
オルレアン公 79
オルレアン公爵夫人 121

か▼

革命裁判所 107・108・138・141・142・145・147
「カーネーション事件」 108
ガブリエル 50・51
「カペー未亡人」 141・142
カール６世 16
カンパン夫人 41・121・122
貴族一座 56・57
共和政 90
首飾り事件 61・66・69
拒否権 95・138・139・142
「拒否権夫人」 138
憲法 77・78・82・84・85・87・90・93・98・102・111・142
　91年憲法 93・95
憲法制定国民議会 78
高等法院 69・71
国民衛兵 79・80・82・83・90・91・93・95・97・135・138・140
国民議会 77・84・87・90・92・136・137
国民公会 102・108・141
コンシエルジュリー 89・106・107・111・147・148

さ▼

サン・クルー 63・84・86・130
サンテュベール 124
シャトーブリアン 78
シャン・ド・マルス 85・92・93
シャン・ド・マルスの虐殺 92・93
シュターレンベルク公爵 23
ジョルジュ・ジャコブ 49
人権宣言 139
神聖ローマ帝国 16・18・23・35・40・55・64・125
スイス近衛兵 96・98・134・136・137・139・145
スペイン 82・83・130・134
全国三部会 77・130
ソフィ内親王 47
村落→アモーを見よ

た▼

タレーラン 85
タンプル塔 11・89・98・99・101〜103・105・109・145・146
ツヴァイク，シュテファン 1・4・84
チュイルリー宮殿 81〜84・86・87・90・91・94〜98・102・135・138・142・146
鉄の戸棚 102
テニスコートの誓い 78
デュ・バリー夫人 19・24〜27・62
デュラントン 142・143
テュルゴー 63
トゥルゼル夫人 97・131・134・137
図書室 47

INDEX

な▼

ネッケル 77・79・84
ノワイユ伯爵夫人 25

は▼

バイイ 92・93
バサンジュ 67・68
バスティーユ牢獄 70・78・85
ハプスブルグ家 3・15・16・18〜20・47・65・126
パリ 22・26・27・33・39・41・49・65・78〜81・84〜87・90・92・93・95・96・103・114・121・124・129・133・134・139・143・146
バルナーヴ 92〜94・134・136
パレ・ロワイヤル 66・79
昼寝用の小部屋 46・47
フェルセン 9・55・61・72・73・84・86・87・91・94・96・105・106・148・149
フェルナン・ヌニェス 130・131・134・136
フーキエ・タンヴィル 108・114・145
ブザンヴァル男爵 123
プチ・トリアノン 35・45・49〜51・54〜58・80・126
「プーフ」 33
ブラウンシュバイク公爵 96
フランツ1世 16・18
ブリエンヌ 76
ブルトゥイユ 68・70・84・87
ブルボン家 15・19・65・138・141
プロイセン 19・144
プロヴェンス伯爵 25・105・127
プロヴァンス伯爵夫人 121
ベーマー 67・68
ベルヴェデーレ 50・51・53
ベルタン嬢 32・33・121
ポリニャック夫人 36・55・83・124・126・129・130・139
ポンパドゥール夫人 56
ボンベル侯爵 59・124・126・129・130

ま▼

マクシミリアン・フランツ大公 65
マリア・テレジア 3・4・7・15〜21・23〜25・31・37・38・40・64・65・106・123・138
マリー・テレーズ（王女） 40・41・65・97・101・105・127・137
マリ・レクザンスカ 122
ミラボー 4・75・82〜84・86・87・92・93・133
ムードン 130・131
メルシー（オーストリア大使） 35・38・64・93・94
モーツァルト 55
モールパ 65・123

や▼

ヨーゼフ2世 3・18・35・40・41・55・64・70・83・106・125

ら▼

ラ・ファイエット 80・84・92・93・135・136・139・146
ラ・モット 66・68・70
ラ・モット夫人 66〜68・70・71
ランバル公爵夫人 36・97・102・137・138
立憲王政 75・79・82・86・90・92・93・98
ルイ・オーギュスト（王太子） 15・19〜26・30・122
ルイ14世 25・30・79・82
ルイ15世 3・19・20・24〜27・29・30・36・47・56・62・72・122・135・138
ルイ16世（国王） 1〜3・15・27・29〜31・33・36・38〜41・51・54〜58・62〜65・67〜69・71・73・75〜87・89〜99・101〜103・105・106・113・115・121・123〜131・133〜144
ルイ17世 41・106・107・109・145・146
ル・ノートル 50
ルーブル美術館 49
レオポルト公 18・40
レドレール 136・138
連盟祭 85
ロアン枢機卿 66〜71
ロザリー 111
ローザン公爵 36
ロベスピエール 108

わ▼

ワシントン 123

出典（図版）

【口絵】

5◉「未来のフランス王太子妃，オーストリア皇女マリー・アントワネット」　J.B.シャルパンティエ・ル・ヴィユ（1728～1806）画　J.デュクルー(1735～1802)原画　ヴェルサイユ・トリアノン博物館

5背景◉マリー・アントワネットが12・3歳の頃に書いた歴史の宿題　ウィーン国立文書館

6◉「マリー・アントワネット・ド・ロレーヌ」　J.デュクルー（1735～1802）画　パステル画　羊皮紙　1769年　ヴェルサイユ・トリアノン博物館

7◉「マリー・アントワネット」　作者不詳　アントワーヌ・レキュイエ美術館　サン・カンタン

6/7背景◉マリー・アントワネットから母マリア・テレジアへの手紙　1770年7月12日　ショワジー　オーストリア国立文書館　ウィーン

8◉「王妃マリー・アントワネットの肖像」　E.L.ヴィジェ・ルブラン(1755～1842)画　油彩　コンピエーニュ宮殿

9◉「狩猟服を着た王妃マリー・アントワネットの肖像」　A.U.ヴェルトミューラー（1751～1811）画　油彩　ヴェルサイユ・トリアノン博物館

8/9背景◉マリー・アントワネットからフェルセンへの手紙　1792年1月4日　国立古文書館　パリ

10◉「王妃マリー・アントワネット」　A.クシャルスキー（1741～1819）画　油彩　個人蔵　フランス

11◉「マリー・アントワネットの肖像」　フランス画派（18世紀）　油彩　ヴェルサイユ・トリアノン博物館

10/11背景◉タンプル塔で書かれたマリー・アントワネットから兄レオポルト2世への手紙

13◉「最初の王太子の肖像が刻まれたメダイヨンを身につけたマリー・アントワネットの胸像」　J.A.ウードン作　大理石　王妃の寝室　ヴェルサイユ・トリアノン博物館

【第1章】

14◉「スピネットを弾くオーストリア皇女マリー・アントワネット」　F.X.ヴァーゲンション（1726～1790）画　油彩　歴史美術館　ウィーン

15◉「女帝マリア・テレジア」　マルティン・ファン・メイテンス（1695～1770）画　油彩　パドバ市立美術館

16◉「シェーンブルン宮殿で12人の子どもに囲まれた皇帝フランツ1世と女帝マリア・テレジア」　マルティン・ファン・メイテンス画　油彩　ヴェルサイユ・トリアノン博物館

17上◉「夫と子どもたちに囲まれた女帝マリア・テレジア一家のクリスマス」　オーストリア皇女マリア・クリスティーネ画　油彩　1763年　歴史美術館　ウィーン

17下◉「マリー・アントワネットの肖像」　J.E.リオタール（1702～1789）画　1762年　ホーフブルク宮殿　ウィーン

18/19◉「ヨーゼフ2世の結婚を祝って上演された『愛の勝利』のバレエ・パントマイム」　G.ワイケルト（1745～1799）画とされる絵画　油彩　ヴェルサイユ・トリアノン博物館

19◉「63歳のルイ15世」　F.H.ドルーエ（1727～1775）画　油彩　1773年　同前

20◉「オーストリア皇女マリー・アントワネット」　マルティン・ファン・メイテンス（1695～1770）画　油彩　シェーンブルン宮殿　ウィーン

21上◉「土地を耕す王太子殿下」　F.M.A.ボアゾ画　水彩法版画　フランス国立図書館　パリ

21下◉「ベリー公ルイ（のちのルイ16世）」　L.M.ヴァンロー（1707～1771）画　油彩　ヴェルサイユ・トリアノン博物館

22◉「1770年5月16日にヴェルサイユ宮殿の礼拝堂でとりおこなわれた，フランス王太子とオーストリア皇女マリー・アントワネットの結婚式」　C.L.デレ（1746～1816）画　水彩版画　同前

23◉「ヴェルサイユ宮殿で行なわれたフランス王太子ルイとオーストリア皇女マリー・アントワネットの結婚祝賀会に出席した王族の一覧表」　フランス画派（18世紀）　グアッシュ　犢皮紙（とくひし）　同前

24上◉「ヴィクトワール内親王，ソフィ内親王，ルイーズ内親王」　F.H.ドルーエ（1727～1775）画　アデライード内親王の大部屋の入口上部　ヴェルサイユ・トリアノン博物館

24下◉「プロヴァンス伯爵」　A.モワット(1750～1828)画とされる絵画　グアッシュ　ピカルディー美術館　アミアン

25◉「狩猟服を着たアルトア伯爵」　A.モワット画とされる絵画　グアッシュ　同前

26/27◉「ヴェルサイユ宮殿の私室でハープを奏でるマリー・アントワネット」　J.B.A.ゴーティエ・ダゴーティ(1740～1786)画　グアッシュ　ヴェルサイユ・トリアノン博物館

27◉「身繕いするデュ・バリー夫人」　J.B.A.ゴーティエ・ダゴーティ（1740～1786）画　メゾチント版画とカラー印刷　同前

【第2章】

28◉「宮廷用に盛装したマリー・アントワネット」　J.B.A.ゴーティエ・ダゴーティ(1740～1786)画　油彩　1775年　同前

29◉「フランス王国とナヴ

出典（図版）

ァール王国の王ルイ16世」 J.S.デュプレシ（1725～1805）画 油彩 1778年 同前

30/31◉「ランスでのルイ16世の戴冠式，1775年6月11日」 モロー・ル・ジュヌ（1741～1814）画 ペンとセピアによる淡彩画 同前

32/33上◉マリー・アントワネット愛用のトランプ「王のゲーム」 王妃の遊び相手の名前が書かれたもの 国立古文書館 パリ

32/33下◉「宮廷服を着たマリー・アントワネット」 C.L.デレ（1746～1816）&ドニ画 水彩をほどこした版画（18世紀） ヴェルサイユ・トリアノン博物館

33◉略式パニエ（輪骨を入れたペチコート）のうえに着るドレス ドレスの生地見本 『1782年のガゼット・ド・ラ・レーヌ』 ヴェルサイユ市立図書館

34/35◉「1781年8月，兄ヨーゼフ2世のために王妃が催した祝宴で，プチ・トリアノンの庭園にあるベルヴェデーレ（あずまや）を飾ったイルミネーション」 C.L.シャトレ（1753～1794年）画 油彩 ヴェルサイユ・トリアノン博物館

36◉「ランバル公爵夫人の肖像」 J.S.デュプレシ（1725～1805）画 油彩 1782年 歴史美術博物館 メッス

37左◉「ポリニャック伯爵夫人の肖像（麦わら帽子をかぶったポリニャック夫人）」 E.L.ヴィジェ・ルブラン（1755～1842）画 油彩 1782年 ヴェルサイユ・トリアノン博物館

37右◉「ポリニャック伯爵夫人」 諷刺文書の挿絵 1790年 カルナヴァレ博物館 パリ

38/39下◉「狩猟服を着て馬に乗ったマリー・アントワネットの肖像」 L.A.ブラン（1758～1815）画 油彩 1783年 ヴェルサイユ・トリアノン博物館

38/39◉狩猟をするルイ16世と国王一家を乗せた船のうえで見物するマリー・アントワネット P.N.ピトゥ&J.B.ウドリー原画 セーヴル磁器製作所でつくられた軟磁器のプレート 同前

40◉「王太子の誕生」 彩色版画（18世紀） カルナヴァレ博物館 パリ

40/41◉「1781年に生まれた王太子を囲むフランス国王一家」 フランス画派（18世紀） 油彩 ヴェルサイユ・トリアノン博物館

42◉「マリー・アントワネットと子どもたち」 E.L.ヴィジェ・ルブラン（1755～1842）画 油彩 ヴェルサイユ・トリアノン博物館

43◉「マリー・アントワネットとふたりの子どもたち」 A.U.ヴェルトミューラー（1751～1811）画 油彩 ストックホルム国立美術館

【第3章】

44◉「王妃マリー・アントワネット（バラを持つマリー・アントワネット）」 E.L.ヴィジェ・ルブラン（1755～1842）画 油彩 ヴェルサイユ・トリアノン博物館

45◉マリー・アントワネットのためにつくられた乳房型の椀 ランブイエの乳製品加工所にあったもの 硬磁器（18世紀） セーヴル磁器製作所

46◉昼寝用の小部屋（1980年当時） R.ミック（1728～1794）作 ヴェルサイユ・トリアノン博物館

47◉「ヴェルサイユ宮殿における王太子妃マリー・アントワネットの肖像（幼い女王）」 L.L.ペラン・サルブル（1753～1817）画 油彩 サン・ドニ美術館 ランス

48上◉王妃の寝室，暖炉，宝石箱 シュヴァルトフェガー作 ヴェルサイユ・トリアノン博物館

48下◉「格子の部屋」にある穂の模様がついたひじかけ椅子 プチ・トリアノン G.ジャコブ（1739～1814）作 同前

48/49◉「ヴェルサイユ宮殿におけるマリー・アントワネットの主寝室のベッドカバーにほどこされた刺繍のデザイン」 J.F.ボニー（1760～1825頃）画とされる絵画 グアッシュ 1786年5月 同前

50/51上◉「プチ・トリアノン，回廊，回転遊具」 作者不詳 水彩画（18世紀） エステ図書館 モデナ

50/51下◉「プチ・トリアノンにおける王妃の庭園の見取図」 T.M.ドーシー画 ペンと水彩 1777～1781年 ヴェルサイユ・トリアノン博物館

52「愛の神殿，プチ・トリアノン」 作者不詳 水彩画（18世紀） エステ図書館 モデナ

53◉「ベルヴェデーレ（あずまや），プチ・トリアノン」 作者不詳 水彩画（18世紀） エステ図書館 モデナ

54◉「田舎ふうの衣装を身につけたルイ16世の妹エリザベート内親王の肖像」 E.L.ヴィジェ・ルブラン（1755～1842）画 油彩 ヴェルサイユ・トリアノン博物館

54/55◉「プチ・トリアノンの庭園にたたずむマリー・アントワネット」 A.ヴェスティエ（1740～1824）画 油彩 個人蔵 パリ

56◉マリー・アントワネットのヘアスタイル「酪農帽」 彩色版画（18世紀） グシュヴェントナー・コレクション

56/57◉プチ・トリアノンの小劇場 R.ミック（1728～1794）によって1780年に建てられたもの ヴェルサイユ・トリアノン博物館

56◉王妃の小劇場の断面図 R.ミック（1728～1794）『プチ・トリアノンの設計図集』所収 1786年 エステ図書館 モデナ

57◉「舞台衣装を着たマリー・アントワネット」 ボケ画 素描 フランス国立図書館

58/59◉「村落（アモー）」R.ミック（1728～1794）画　グアッシュ　エステ図書館　モデナ

【第4章】

60◉「ガリア服を着たマリー・アントワネット」E.L.ヴィジェ・ルブラン（1755～1842）画　油彩　ヴォルフスガルテン宮殿　ランゲン　ドイツ

61◉「ハンス・アクセル・フォン・フェルセン」L.パッシュ・ル・ジュヌ画　油彩（18世紀）　個人蔵　スウェーデン

62◉「マリー・アントワネットと子どもたち」（部分）E.L.ヴィジェ・ルブラン（1755～1842）画　油彩　ヴェルサイユ・トリアノン博物館

62/63◉「1788年8月8日，マリー・アントワネットによってサン・クルー宮殿の庭園で催された，ティプ・スルターンから遣わされた大使たちの歓迎会」　アスラン画　水彩画　セーヴル磁器製作所図書館

64◉「ミンケンドルフの野営地における皇帝ヨーゼフ2世と将軍たち」　F.M.カダル画　絵画　軍事歴史博物館　ウィーン

65◉「マリー・アントワネットとルイ16世に迎えられる，マリー・アントワネットの弟マクシミリアン・フランツ大公」　J.ホージンガー（1728～1786）画　油彩　歴史美術館　ウィーン

66◉「パレ・ロワイヤルの庭園でオリヴァ嬢と出会うラ・モット氏」　版画　フランス国立図書館　パリ

66/67◉「オリヴァ嬢を訪ねるラ・モット氏」　版画　同前

67◉「オリヴァ嬢と会うラ・モット夫人」　版画　同前

68/69◉「王妃の首飾り」　水彩画　1785年頃　個人蔵

69左◉「ベーマー氏」　版画　フランス国立図書館　パリ

69右◉「バサンジュ氏」　版画　同前

70◉ラ・モット伯爵夫人のバスティーユ牢獄への収監記録　1786年5月29日　警察博物館　パリ

70上◉ラ・モット伯爵夫人（部分）　版画（18世紀）　フランス国立図書館　パリ

71上左◉ラ・モット伯爵（部分）　版画（18世紀）　同前

71上右◉ル・ゲ・デシニ・オリヴァ嬢（部分）　版画（18世紀）　同前

71下◉ロアン枢機卿　版画　同前

72◉「マリー・アントワネットの肖像」　E.L.ヴィジェ・ルブラン（1755～1842）画　油彩　コノピスト城　プラハ近郊

73◉マリー・アントワネットからフェルセンへの手紙　1792年1月4日　国立古文書館　パリ

【第5章】

74◉「本を手にして座る王妃マリー・アントワネットの肖像」　E.L.ヴィジェ・ルブラン（1755～1842）画　油彩　ヴェルサイユ・トリアノン博物館

75◉ミラボーの肖像　J.A.ローラン（1763～1832）画　象牙に描かれた細密画　ルーヴル美術館　パリ

76/77◉「全国三部会の開会式，1789年5月5日」　L.C.A.クデ（1789～1873）画　油彩　ヴェルサイユ・トリアノン博物館

76◉聖職者と貴族を支える農民　彩色版画　フランス国立図書館　パリ

77◉「ルイ16世の肖像」　カレ（1741～1831）画　油彩　カルナヴァレ博物館　パリ

78/79上◉「バスティーユ牢獄の占領，要塞司令官ロネーの拘束」　フランス画派（18世紀）　油彩　ヴェルサイユ・トリアノン博物館

78/79下◉1789年10月5日にヴェルサイユへ向かう女たち（18世紀）　カルナヴァレ博物館　パリ

80◉「勝利をおさめてヴェルサイユからパリへ戻る民衆，1789年10月6日」　彩色版画（18世紀）　フランス国立図書館　パリ

80/81◉「ヴェルサイユを離れる王と王妃」　J.ノレ画　水彩画　郵便博物館　アンボアズ

82◉「パリの住民が国王一家に対して示す最初の敬意，1789年10月7日」　彩色版画（18世紀）　カルナヴァレ博物館　パリ

83上◉「チュイルリー宮殿の庭園を散策する国王一家」　C.L.デレ（1746～1816）画　素描　ロスチャイルド・コレクション　ルーヴル美術館

83下◉「私たちが彼らを見張る」　ボタン　カルナヴァレ博物館　パリ

84/85◉「1790年7月14日にパリのシャン・ド・マルスで行なわれた連盟祭」　水彩版画　ヴェルサイユ・トリアノン博物館

85◉「まちがった方向に導かれる盲人」　彩色版画　カルナヴァレ博物館　パリ

86上◉「王家の下水道」　ヴァレンヌへの逃亡を題材とした諷刺画　彩色版画（18世紀末）　カルナヴァレ博物館　パリ

86下◉「1791年6月21日夜12時半」　版画　同前

87◉「ヴァレンヌでの拘束」　ルシュー画　グアッシュ　同前

【第6章】

88◉「マリー・アントワネットの肖像」　A.クシャルスキー（1741～1819）画　パステル画　1792年　ヴェルサイユ・トリアノン博物館

89◉ルイ16世の諷刺画　カルナヴァレ博物館　パリ

90/91◉「国王一家のパリへの帰還，1791年6月25日」　エッチング（彩色，18世紀）　ロスチャイルド・コレクション　ルーヴル美術館

91◉「ルイ16世とマリー・アントワネットの大罪によって。1791年6月25日」　版画　カルナヴァレ博物館　パリ

92◉「ヤヌスの王，あるい

出典（図版）

はふたつの顔を持つ男」 版画 同前

92/93◉「1791年7月17日，シャン・ド・マルスの虐殺」 J.ブルトゥイス画 オランダの版画（18世紀末） フランス国立図書館 パリ

94/95◉「1792年6月20日」 フランス画派（18世紀） 素描 フランス革命博物館 ヴィジーユ

95◉マリー・アントワネットの諷刺画 版画 カルナヴァレ博物館 パリ

96/97上◉「国王一家のチュイルリー宮殿における最後のミサ」 H.ロベール（1733～1808）画 油彩 個人蔵

96/97下◉「1792年8月10日にチュイルリー宮殿へ侵入した民衆」 F.ジェラール男爵（1770～1837）画 セピアによる素描 素描室 ルーヴル美術館

98上◉タンプル塔の国王一家 素描 フランス国立図書館 パリ

98下◉ルイ16世が使った携帯用置時計 タンプル塔の調度品 カルナヴァレ博物館 パリ

99上◉「タンプル大塔の国王一家」 ドイツの版画 1792年頃 個人蔵

99下◉鏡台 タンプル塔の調度品 カルナヴァレ博物館 パリ

100/101◉「ルイ16世と家族のタンプル塔における最初の食事，1792年8月13日」 フランス画派（18世紀） 素描 ロスチャイルド・コレクション ルーヴル美術館

102上◉「チュイルリー宮殿で発見された王家の手紙」 版画（18～19世紀） フランス国立図書館 パリ

102下◉「家族に別れを告げるルイ16世」 J.J.ハウアー画 油彩（18世紀） カルナヴァレ博物館 パリ

103◉「断頭台の下に立つルイ16世とエッジワース・ド・フィルモン神父」 C.ベナゼーク（1767～1794）画 油彩（18世紀） ヴェルサイユ・トリアノン博物館

104/105◉「ルイ16世の死後まもなくの頃，タンプル大塔に監禁されていた国王一家」 モロー・ル・ジュヌ（1741～1814）画 水彩画 個人蔵

106◉「コンシエルジュリーに囚われたマリー・アントワネット」 S.プリュール画 A.クシャルスキー（1741～1819）原画 カルナヴァレ博物館 パリ

107上◉「息子の王太子に別れを告げるマリー・アントワネット」 版画 王政復古時代 警察博物館 パリ

107◉「王太子の姿で描かれたルイ17世（1785～1795）」 A.クシャルスキー（1741～1819）原画 パステル画 ヴェルサイユ・トリアノン博物館

108/109◉革命裁判所に出廷するマリー・アントワネット 1793年10月14・15・16日 素描（18世紀） ロスチャイルド・コレクション ルーヴル美術館

109◉タンプル塔で王太子，王太子の姉，エリザベート内親王が受けた尋問の調書 国立古文書館 パリ

110/111◉「コンシエルジュリーを出るマリー・アントワネット」 G.J.A.カン（1856～1919）画 油彩 カルナヴァレ博物館 パリ

112/113◉「処刑場に向かうマリー・アントワネット，1793年10月16日」 W.ハミルトン（1751～1801）画 油彩 フランス革命博物館 ヴィジーユ

114◉処刑場に向かうマリー・アントワネット J.L.ダヴィド（1748～1825）画 素描 ロスチャイルド・コレクション ルーヴル美術館

115/116◉断頭台上のマリー・アントワネット 素描（18世紀） ロスチャイルド・コレクション 同前

115◉マリー・アントワネットの遺書の複写 ヴェルサイユ市立図書館

【資料篇】

117◉マリー・アントワネットの道具類のなかにあった受け皿 磁器 オルレアン公爵の製作所と呼ばれるところでつくられたもの 1785年頃 ルーヴル美術館 パリ

118◉「国王が王妃に『あなたの夫と寝てください』と言う……」 ルイ16世とマリー・アントワネットを題材とした歌 ヴェルサイユ市立図書館

120◉「王妃の宮殿で奉仕する女官」 モロー・ル・ジュヌ（1741～1814）画 版画 フランス国立図書館 パリ

125◉国王夫妻の小さな肖像画がついた嗅ぎ煙草入れ 子牛革 七宝をほどこした金 1784～1785年 ルーヴル美術館 パリ

128◉マリー・アントワネットとふたりの子どもたち F.デュモン（1751～1831）画 象牙に描かれた細密画 ルーヴル美術館 パリ

133◉1789年10月6日，ヴェルサイユ宮殿のバルコニーに立つ国王一家

137◉1792年8月10日，国民議会に臨む国王一家 版画 カルナヴァレ博物館 パリ

139◉マリー・アントワネットの諷刺画 版画 同前

142◉革命裁判所におけるカペー未亡人の書類 1793年10月

148◉晩年のフェルセン伯爵 ストックホルム国立博物館

参考文献

シュテファン・ツワイク著　高橋禎二・秋山英夫訳『マリー・アントワネット』（上・下）　岩波文庫 1980 年

A．カストロ著　村上光彦訳『マリー＝アントワネット』（1・2）　みすず書房

窪田般彌『物語マリー・アントワネット』　白水社　1991年

飯塚信雄『デュバリー伯爵夫人と王妃マリ・アントワネット』　文化出版局　1985年

池田理代子『フランス革命の女たち』　新潮社　1985年

マックス・フォン・ベーン著　飯塚信雄訳『ロココの世界――十八世紀フランス』　三修社　2000年

加瀬俊一『ヴェルサイユ宮廷の女性たち』　文藝春秋　1992年

ギー・ブルトン著　田代葆・岡本明・高木敬二訳『フランスの歴史をつくった女たち』（5・6巻）　中央公論新社　1994年

G．ルノートル／A．カストロ著　山本有幸訳『物語フランス革命史』（1～3）　白水社　1983年

芝生瑞和編『図説フランス革命』　河出書房新社　1989年

『世界大百科事典』（CD-ROM版・書籍版）　平凡社

『日本大百科全書』（電子ブック版）　小学館

CRÉDITS PHOTOGRAPHIQUES

AKG,Paris/J.da Cunha 32-33h.AKG,Paris/E.Lessing 10,64,102b.AKG,Paris 15,54-55.Archives nationales,Paris 8-9 fond,41,73,109.Artothek,Peissenberg(All.) 1er plat.72.Bibliothe`que Estense,Modène50-51h.Bibliothèque nationale de France,paris 21,66,66-67,67,71b,98h.Bridgeman Art Library,Paris 7,14,17,17b,20,52,53,65,94-95,110-111.J.-L.Charmet,Paris 37d,68-69,70,70d,71hg,71hd,86h,96-97b,99h,104-105,106,107h.Dagli Orti,Paris 4e plat,15,56,58-59,62-63,80-81.D.R. 6-7 fond,148.Édimèdia,Paris 91.Giraudon,Paris 80,102h,116.Y.Martin,Paris 83b.Musèes de la Cour d'or,Metz-Clichè J.Munin Tous Droits rèservès 36.Musèe de Picardie,Amiene-Clichè de D.Cry 24b et 25.Photo Josse,Paris76.Photothèque des Musèes dela ville de Paris 40,77,78-79b,82,85,86b,87,89,92,95,98b,99b,112-113,137,139.Rèunion des musèes nationaux,Paris dos,5,6,8,9,11,16,18-19,19,21b,22,23,24,26-27,27,28,29,32-33b,34-35,37gb,38,38-39h,40-41,42,44,45,46,48h,48b,48-49,50-51b,54,56-57,62,74,75,76-77h,78-79h,83h,84-85,88,90-91,92-93,100-101,103,107B,108-109,114,114-115,117,125,128.Roger-Viollet,Paris 10-11 fond,47,142.Statens Konstmuseer,Stockholm43,61.Arcjoves Ta;;amdoer,Paris1 fond,57,69G,69D,96-97h,120,135.Jean Vigne,Genevilliers 33,55,115,118.Château Wolsgarten,Langen(All.) 60.

[著者]**エヴリーヌ・ルヴェ**

国立科学研究センター（CNRS）研究員。アンシャン・レジーム（旧体制）とフランス革命の専門家。著書に，『ルイ16世』，『ルイ18世』，『マリー・アントワネット』などがある……………………………

[監修者]**塚本哲也《つかもとてつや》**

1929年生まれ。東京大学経済学部卒。ウィーン大学法学部に学ぶ。毎日新聞論説委員，防衛大学図書館長，同教授，東洋英和女学院大学学長を歴任。作家。著書に『ガンと戦った昭和史』（講談社ノンフィクション賞受賞），『エリザベート　ハプスブルク家最後の皇女』（大宅壮一ノンフィクション賞受賞），『わが青春のハプスブルク 皇妃エリザベートとその時代』，『マリー・ルイーゼ　ナポレオンの皇妃からパルマ公国女王へ』ほか。監修書に『皇妃エリザベート』『奇跡の少女ジャンヌ・ダルク』（本シリーズ65，102，105）などがある……………

[訳者]**遠藤《えんどう》ゆかり**

1971年生まれ。上智大学文学部フランス文学科卒。訳書に『ナポレオンの生涯』『聖書入門』『ヒエログリフの謎をとく』（本シリーズ84，93，97），『私のからだは世界一すばらしい』（東京書籍）などがある……………

「知の再発見」双書100

王妃マリー・アントワネット

2001年11月20日第1版第1刷発行
2020年6月10日第1版第23刷発行

著者	エヴリーヌ・ルヴェ
監修者	塚本哲也
訳者	遠藤ゆかり
発行者	矢部敬一
発行所	株式会社 創元社 本　社❖大阪市中央区淡路町4-3-6　TEL(06)6231-9010(代) FAX(06)6233-3111 URL❖https://www.sogensha.co.jp/ 東京支店❖東京都千代田区神田神保町1-2田辺ビルTEL(03)6811-0662(代)
造本装幀	戸田ツトム
印刷所	図書印刷株式会社

落丁・乱丁はお取替えいたします。

 ISBN978-4-422-21160-2